KB028019

유리멘탈을 위한
감정 수업

사소한 일에도 상처받고 예민해지는

유리멘탈을 위한
감정 수업

이계정 지음

한밤의책

모든 감정에는
저마다의 이유가 있다

회사에서 낮은 업무 평가를 받은 날이었다. 소식을 전해 준 상대가 내 마음을 살펴 주었는지는 기억나지 않는다. 그런데, 나는 뭐가 그렇게 괜찮았는지 한 번도 아니고 여러 번, 그것도 밝고 명랑한 목소리로 '괜찮다'고 말했다.

나는 분명 괜찮지 않았다. 예상치 못한 갑작스러운 결과에 당황했고 실망스러웠다. 열정을 쏟았던 일들이 허무하게 느껴졌고 눈치 보느라 너덜너덜해진 몸과 마음이 피로했다. 그러나 순간 부정적인 감정을 피하고 싶었던 나는 '쿨한 척'했다. 분노와 슬픔, 서운함과 외로움을 마음속 깊숙이 숨긴 채 위축됐다. 괜찮지 않은데 괜찮은 척해버린 내가 수치스러워, 술을 마시며 몸과 마음을 마비시켰다.

감정으로부터 도망친 건 이때뿐이 아니었다. 서러움에 복받친 어느 점심시간엔 카페 구석자리에서 따뜻한 두유 라떼를 마시며 눈물을 삼켰고, 때론 피우지 않을 담배를 총알을 장전하듯 가방에 숨겨 두고 만일의 감정에 대비한 때도 있었다. 쉽사리 흔들리는 마음을 멈춰보려고 애써도 쉬이 멈춰지지 않을 땐 불면의 밤을 보내기도 했다. 어떻게 하면 '나쁜' 감정들을 잘 피해 갈 수 있을지 알고 싶었고, 그 어떤 감정에도 휘둘리지 않을 강한 마음을 갖고 싶었다. 그 과정에서 스스로를 질책하고 다그치느라 우울함을 더하기도 했다.

그러다, 마음에 대해 깊이 배우면서 나는 알게 됐다. 흔들리는 마음은 전혀 잘못된 게 아니라는 것을. '괜찮지 않은 것'은 부끄러운 것이 아니며, 오히려 '괜찮은 척' 지나간 순간이 오래도록 내 안에 남아 고통을 준다는 사실을 말이다.

나쁘게 생각해야 할 감정은 없었다. 부끄러워야 할 감정도 없었다. 감정은 단지 신호일 뿐이었다. 원하는 것이 충족됐을 때는 긍정적인 감정이 올라오고, 좌절되면 부정적인 감정이 올라왔다. 이 신호에 귀 기울여야 나의 욕구를 알 수 있고, 그에 적절한 노력을 기울일 수 있었다. 오직 나에게 필요했던 것은, 유리처럼 깨지기 쉬운 마음을 조심스럽게 두드리는 '자기 공감'이었다.

어쩌면 우리 모두 알고 있다. 이 쓸쓸함은 덮어둔다고 사라지지 않을 거라는 것을, 이 죄책감이 그저 외면해서 해결될 문제가 아니라는 것을 말이다. 각자의 삶에 들어온 힘든 마음들을 우리는 경험할 수밖에 없다. 그 과정이 고통스러울지라도 마음과 더불어 살아가고, 알아주고, 변화시키는 방법을 배워야만 한다. 그것이 삶이다. 성장이고, 치유다.

외면하고 싶고 때로는 견디지 못할 정도로 힘들기도 한 감정에 머무르는 동안, 함께 버텨주는 상담자 역할을 할 수 있기를 바라는 마음으로 책을 써 내려갔다. 독자들이 이 책을 통해 다양한 삶의 풍경들 중 자신에게 가장 익숙한 감정을 발견하고 자신의 중요한 욕구를 알게 된다면 더 바랄 것이 없겠다. 감정이란, 우리 자신에게 가장 필요한 게 무엇인지를 말해 주는 메시지임으로.

살아가면서 마주하는 다양한 감정들, 우리에게 삶의 신호를 보내는 그 모든 감정들을 보듬어 주길 바란다. 그리하여 마음이 좀 더 평안해지고, 보다 더 만족스럽게 삶을 꾸려 가기를 마음을 다해 응원한다.

차례

1

무의미한 것에서 의미를 찾는 것이 인생이다

공허감에 대하여

가슴이 뻥 뚫린 듯한 기분이 들 때가 있다. 빡빡한 일정을 보냈는데도 마음이 텅 빈 것 같다. 열심히 달려서 목적을 이뤘는데도 썩 기쁘지 않은 이 기분.

'공허감'은 불현듯 찾아와 마음을 폭파시키는 기이한 감정이다. 불안이나 공포 같은 파괴적인 감정은 아닌 것 같은데 공허감을 느끼는 순간 우리는 속수무책이 되고 만다. 나의 공허감과 마주할 때도, 상대의 공허감을 듣는 그 순간에도 우리는 어쩔 줄을 모른다. 그래서인지 공허감은 다른 감정으로 쉽게 이어진다. 슬퍼지고, 우울해지며, 외로워진다.

삶의 의미를 찾고 싶어요

수인 씨는 다니던 직장을 그만두고 프리랜서로 전향했다.

짜여진 스케줄대로 일하는 것이 버거웠던 그는, 드디어 자신의 전문성을 살려 자유롭게 살 수 있을 것이라며 무언가 의미를 찾을 수 있을 거란 막연한 기대감에 부풀었다.

처음엔 생각보다 일이 잘 풀렸다. 매일 아침 정신없이 출근할 땐 상상도 할 수 없었던 달콤한 일상을 누렸다. 여유롭게 일어나 요가를 하고 커피를 마시고, 맛있는 빵으로 아침을 먹는 동안 가벼운 에세이나 시를 읽으며 클래식을 들었다. 알차게 아침 시간을 보낸 후 본격적으로 하루의 일과를 시작했다. 그러나 이내 프리랜서의 예상치 못한 단점이 수인 씨를 덮쳤다. 일하는 시간이 끝나지 않는다는 점이었다. 어떻게든 일을 만들고 해내고 자신의 상품 가치를 올리는 일에 홍보까지, 그 모든 것이 온전히 수인 씨 자신의 책임이었기 때문이다.

마음 편히 쉴 수가 없었다. 업무 시간을 정해놓고 일을 하는 건 그냥 이상일 뿐이었다. 하다못해 업무 공간마저 분리되지 않으니 개인 생활을 통해 업무 스트레스를 푸는 일은 불가능했다. 일이 많으면 많은 대로, 없으면 없는 대로 긴장을 놓을 수 없었다. 그렇게 반년을 보내던 수인 씨는 일정이 모두 취소된 어느 날, 쓰러지듯 마룻바닥에 누웠다. 그날 이후 멍하니 보내는 시간이 늘었다. 잠자리에 누워 '이대로 사라지고 싶다'

란 생각을 하는 날도 많아졌다.

　수인 씨는 의미 있는 삶을 원했다. 일생 동안 가족을 먹여 살리느라 바쁘게 살았던 아버지와 가정주부로 아이를 키우느라 늘 분주했던 어머니를 보며 '산다는 건 참 피로하고 재미없는 것이구나'라고 생각했다. 동시에 외부의 평가에는 지나치게 민감하여 자녀들의 성적에 목숨을 걸고 사회적인 성공에 매달리는 부모님의 삶이 빈껍데기처럼 느껴졌다. 수인 씨는 부모님을 보며 요란한 빈 수레가 되지 않겠다고, 누가 봐도 의미 있는 알찬 삶을 살겠노라고 다짐했다. 그렇게 그녀에게 인생이란, 온갖 의미들로 가득 채워야 하는 과제가 되었다.

　의미를 잃은 삶은 공허하다. 실존주의 철학에서 이야기하듯, 인간의 유한성은 행복을 가능하게 한다. 세상을 떠나기까지 무엇을 위해 살아가느냐에 따라 현재를 살아가는 우리는 만족감을 느끼고 그야말로 생생하게 '살아있을' 수 있다. 그러나 동시에 모든 것이 우리의 의지대로 될 수는 없다. 세상은 불확실하며 수많은 우연들로 이루어져 있다. 그러니 아무리 '노력'해도 되지 않는 것들이 있고 그것을 받아들일 수 없다면 만족감을 느끼기 어렵다. 더불어 의미에 집착하게 되면, 무언가를 끊임없이 해야만doing 한다는 강박에 스스로를 가두게 된다. 현재에 기꺼이 존재being할 수 없고 그 순간의 의미를 알아차리지 못하게 되는 것이다.

따라서, '내가 왜 이토록 열심히 일을 하고 있는 거지?', '뭐 하려고 이렇게 달리고 있나?' 등의 의미를 위한 질문들은 반드시 필요하지만, 충분한 숙고 후 어떤 목적에 이끌렸다면 천천히 그 과정을 즐길 수 있어야 한다. 조급해하지 않고 현재 내 시간들을 소중히 여기면서 말이다.

위험신호를 발견했다면 알아차리고 멈춰야 한다. 수인 씨에게 '사라지고 싶다'는 말이 떠오를 때, 그 고단한 마음은 무엇을 원하는 것일까? 수인 씨의 마음은 부모님의 삶을 부정하며 그녀 자신의 삶마저 부정하려 들었다. 상처를 치유하지 못하고, 과거와 화해하지 못한 채 고립되어 악으로 버티고 있었다.

수인 씨는 도움이 필요했다. 그녀의 공허함은 어린 시절 돌봄 받지 못했던 상처가 아물 시간이 필요하다고 말하고 있었다.

쉬고 있지만 더 격렬하게 쉬고 싶어요

정연 씨는 큰 프로젝트를 마치고 심한 무력감에 시달렸다. 4년간 사귀던 애인과 헤어진 때에 슬퍼할 겨를도 없이 들이닥친 업무였다. 중요한 일이라고 입을 모아 이야기하는 통에 휴가도 반납한 채 일에 몰두했다. 그러나, 슬픔을 에너지 삼아 밤낮없이 매진한 일은 잘 되지 않았다. 그의 전문 분야라 무리 없이 맡겨진 일이었는데도 실력 발휘를 하지 못했고 운도 따라 주질 않았다.

회사 내에서 정연 씨에 대한 은근한 비난이 이어졌다. 대놓고 욕하는 상사도 있었다. '이래서 애초에 여자 직원이 싫었어'란 막말을 해대는데 더 이상은 참을 수가 없었다. 하던 일을 접고 오후 반차를 냈다. 가족들이 있는 집엔 들어가기 싫었다. 대낮에 웬일이냐며 호들갑을 떨 엄마의 모습을 생각하니 끔찍했다. 무작정 대로변을 걷다가 레지던스 건물을 마주쳤고 그대로 체크인을 하고 들어갔다.

레지던스는 큼지막했다. 새하얀 퀸사이즈 침대에 드러누운 정연 씨는 그대로 눈을 감았다. 그간의 모든 피로가 눈꺼풀 위로 내려앉았다. 얇은 피부가 감당하지 못한 무게는 기어이 눈물샘을 자극했다. 수도꼭지라도 튼 것처럼 맑은 눈물이 주룩 주룩 흘렀다.

'아 나 괜찮았었는데…'

한동안 정연 씨의 몸과 마음은 쉼 없이 달려가고 있었다. 그러다 더는 달릴 수 없을 것만 같은 순간들이 찾아왔다. 애인과의 이별 전조가 감지됐을 때, 무리한 업무가 떠넘겨지는 부당한 상황에서 입도 뻥긋할 수 없는 처지를 인식했을 때, 그리고 가족들에게 힘든 내색을 했던 어느 저녁, '그래도 어떻게 들어간 회사인데…'로 이야기를 시작하는 엄마의 걱정스러운 말투에 질린 그날도.

어디에도 마음 붙일 수 없었던 그녀는 그저 견뎌야 했다. 무게를 동력 삼아 돌진하는 탱크처럼 때론 거침없이 내달려야 했다. 그리고 멈춰선 그녀는 처참하게 무너졌다. 어딘가에서 날아온 대포알에 맞은 것처럼 가슴 한가운데가 뻥 뚫린 채로.

시간이 필요한 일에 시간을 주지 않으면 어떻게 될까? 결과물이 형편없거나 그럴듯해 보이지만 거짓된 결과물이 나온다. 시간이 없는데 진심을 다해 정직하게 무언가를 해내는 것은 불가능에 가깝다. 업무이건 이별이건 말이다. 시간에 쫓겨 몸과 마음을 갈아 넣은 업무는 절박함이 지나

처 질이 떨어진다. 정연 씨처럼 부당함까지 얹힌 일을 해야 했다면, 그 일을 하는 과정에 쌓여간 분노로 결과물이 조금 일그러졌을지도 모른다.

중요한 대상을 잃었을 때는 어떤가. '애도'는 그 모든 상실의 순간에 시간과 에너지를 요구한다. 단계별로 감정도 달라지고 필요도 달라진다고 하지 않던가. 그만큼 애도라는 것이 단숨에 될 수 없다는 뜻이다. 정연 씨가 마주한 실연에도 마땅한 치유의 시간이 주어져야 했다. 혹은 실연의 전조가 보일 때 멈춰 돌아볼 여유 같은 것이 있어야 했다. 그럴듯하게 버티던 정연 씨는 결국 공허함에 걸려 넘어졌다. 거짓으로 대충대충 지나쳐 오는 과정에서 뻥뻥 뚫려버린 구멍들을 마주하게 된 것이다.

정연 씨에게는 휴식이 필요했다. 상처받은 자신을 돌봐줄 시간, 부당함을 주장하고 선을 긋는 시간. 모른 척 덮고 지나쳐 또 다른 성취를 위해 달리기 전에 '아, 나 이제 정말 지쳤어, 나 좀 쉴래!'라고 말해야 했다. 가족들과 회사의 기대에 더 이상 맞춰줄 수 없노라며 자신의 한계를 인정하는 시간이 필요했고, 충분히 충전해야 더 버틸 수 있다고 당당히 돌봄의 시간을 주장해야 했다. 그렇게 그녀의 공허함은 푹신한 침대 안에서 그녀에게 필요한 것을 알려주고 있었다.

⎯⎯ 왜 너는 없고 나만 있는 걸까

연인과 만난 지 2년째 되는 날. 하영 씨는 왠지 모를 감정에 휩싸여 아무 일도 할 수 없었다. 만나는 동안 늘 좋기만 한 건 아니지만 지금 같은 기분은 아니었다. 그렇다고 딱히 잘못된 건 없었다. 뭐라고 딱 꼬집어서 투정 부리지는 못하지만 우울해하며 애인을 불편하게 만드는 일이 최근 너무 자주 반복되는 것 같아 자괴감에 빠질 지경이었다. 마음 한쪽이 허전했다. 애인과 문자를 주고받을 때 벌어진 간격이 너무 길고, 그와 마주 앉았을 때 가운데 놓인 테이블이 지나치게 커다랗게 느껴지는 기분. 시공간의 간격이 한평생 같았다. 딱 그 크기만큼 하영 씨는 공허해졌다.

공허함이 느껴지기 시작한 건, 지금의 애인과 결혼 이야기가 오고 갈 즈음부터였다. 원래 그녀는 결혼 따윈 하지 않겠다고 다짐했었다. 부모의 불행한 결혼생활을 보고 자라난 탓이었다. 몇 번의 연애를 반복하면서 한 사람을 영원히 사랑한다는 건 참 어려운 일이라는 걸 깨닫게 된 것도 비혼을 결심하게 된 이유였다. 믿고 기대려는 순간 바람처럼 떠나버리는 그들을 바라보며, '안녕!'이라고 쿨하게 돌아서는 자신이 자랑스러운 날도 있었다.

그런데 지금의 애인은 그런 그녀를 흔들어놓았다. 천천히 그녀의 마음에 들어앉아 나갈 생각을 하지 않았다. 이런 사람이라면 같이 살고 싶다고 생각했던 날, 직장 동료의 결혼식이 있었고 하영 씨는 은근슬쩍 결혼 이야기를 먼저 꺼냈다. 그러나 그는 대답하지 않았다.

사랑하는 사이가 늘 공평한 마음일 리 없다. 때론 저울이 순식간에 기울어버려 과정을 알아차리기조차 어렵다. 그럼에도 어느 순간 상대의 식어버린 마음을 알아차릴 때, 슬며시 위기는 찾아온다. 사랑의 농도는 얼추 비슷하지만 원하는 바가 다를 수도 있다. 이때 심리학에서는 수단과 욕구를 구분하라고 한다. 결혼은 수단일 뿐이고 결혼하기를 원하지 않는다고 해서 사랑하지 않는 것은 아니라는 것이다. 그럼에도 불구하고 공평하지 않다는 기분은 쉬이 가시지 않는다. 둘 중 하나를 선택해야만 할 것 같다. 공허한 채로 그저 마음을 접을 것인가, 대화를 시도해 쓸쓸함을 향해 뚜벅뚜벅 걸어갈 것인가.

이런 상황에서는 용기를 내 보는 게 중요하다. 지금 이 순간 느껴지는 감정에 기대어 무엇을 원하는지 제대로 초점을 맞추는 것이다. 하영 씨가 명확하게 질문을 던졌다면 어땠을까? '누구 결혼식에 다녀왔다'가 아니라 '결혼식에 다녀오니 결혼에 대한 생각을 하게 된다. 당신은 어떻게 생각하냐?'라며 대화를 이끌었다면? 애인의 눈치를 살피며 추측하고 실망하는 과정에서 서로의 간극을 확인하는 것이 아니라 함께 있어도 외로움을 느끼는 지금 이 상황을 짚고 넘어갔다면 말이다. 혹은 서로에게 각자의 시간이 필요함을 인정한 채 결혼에 관한 이야기는 잠시 미뤄두고 현재를 즐길 수 있었다면 어땠을까.

어쩔 줄 모르는 상황에서 하영 씨는 길을 잃었다. 소통하지 못한 채 방황하는 마음들이 그녀를 주저앉혔다. 하영 씨의 공허감은 소통을 원하는 마음, 중요한 질문에 답을 찾고 싶은 마음이 좌절되었음을 알리는 중이었다.

멈추면 비로소 보인다

나도 모르게 한숨이 나올 때가 있다. 어떨 땐 너무 답답해서 숨을 내뱉었는데 사실상 실체가 없는 마음의 구멍을 메우려는 것인가 싶게 가슴이 뻥 뚫린 느낌일 때도 있다.

그럴 땐 일단 멈춰보자. 공허한 마음에 잡념을 채워 넣지 말고, 빈 공간에 숨을 불어 넣으며 천천히 에너지를 만드는 것이다. 의미를 쫓느라 쉼 없이 달리며 발버둥쳐 왔던 내 지친 몸을 위해, 힘든 마음을 덮어두려고 모든 에너지를 끌어모아 쓴 텅 빈 나를 위로하며. 불통의 벽에 부딪혀 외로운 시간을 보내는 동안 우리는 일단 멈춰 숨을 고르는 것이 필요하다.

그런 채로 멈춰서서 질문해 보자.

'성공은 왜 좋은가?'

'우리는 무엇을 위해 더 많은 성취와 성공을 향해 달려가는가?'

'언제부터 나는 성공에 집착하게 되었는가?'

당연할 것 같은 질문들에 답을 내는 동안, 우리는 조금 더 깊은 내 마음과 만나게 된다. 늘 무언가를 해야만 존재감을 느낄 수 있었던 어린 시절의 외로운 나를 만나게 될

지도 모른다. '더 높은 곳에 다다르지 못한다면, 멍하니 그 자리에 머물러 있다면 너는 나쁘다'라는 메시지가 마음속에 있다면 그 안에서 시달려온 작은 나를 보듬어 안아줄 때다.

영원히 채워질 수 없다

열심히 일하고 수많은 업적을 세운다고 해서 삶이 꽉 채워지는 건 아니다. 그리고 당연히 꽉 채워진 삶은 갑갑하다. 성취는 삶의 과정일 뿐이다. 그것이 결론이 되거나 삶 자체가 되어서는 곤란하다. 관계에서도 주체는 내가 되어야 한다. 친구와 애인, 가족과 좋은 시간을 보낸다고 해도 우리는 늘 그 시간을 붙들고 있을 수 없다.

때론 누군가 곁에 있을 때 더욱더 외로운 것이 관계다. 소통을 기대하고 마주 보았는데 서로 딴 이야기로 시간을 채우고 있다면 어떨까. 이때 공허감은 삶의 한계를 알려주는 안타까운 감정이다. 우리는 주어진 삶을 그저 살아갈 뿐이라는 것을, 그리고 인간은 고독한 존재라는 것을 말이다.

이러한 생각들이 어쩌면 비관적인 것 같지만 사실 그렇

지만은 않다. 어느 한계 이상은 인간이 통제할 수 없다고 생각하면 어떤가. 그러니, 한계가 있는 삶 속에서 다만 최선을 다하면 되는 것이다. 지나치게 애쓸 필요가 없으니 기꺼이 수용하고 휴식할 수 있다.

그렇다면 최선을 왜 다해야 하냐고? 이왕 사는 인생인데 재밌게 사는 게 좋으니까! 즐겁게 일을 하고 때론 그 과정에서 의미를 발견하며 성장할 수 있다. 운 좋게 성취도 이룬다면 뿌듯할 수도 있다. 관계는? 두말하면 잔소리다. 혼자 늘 외로운 것보다 잠깐이라도 즐겁게 누군가와 소통하고 돌아서서 고독한 내 시간을 즐기는 것이 더 낫지 않은가.

여백이 필요하다

삶에 여백을 남긴다고 생각해 보자. 의미를 위해 달려가다 지친 어느 날, 공허감이 밀려온다면 딱 그만큼의 빈 공간이 지금 내게 필요한 것이다. 심리적으로 허전한 만큼 물리적으로도 여백이 필요하다고 받아들여 보자. 성취하지 않은 상태에서도 내 삶이 충분히 빛날 수 있음을, 휴식의 시간이 내게도 꼭 필요했다는 것을 수용해 보는 거다. 또 깊은 소통을 위해 잠시 거리를 두고 숨 고르기를 하며, 내 삶의 여백을 있는 그대로 바라본다.

그리고 가능하다면 주변에 도움을 청해 보자. 공허감이 밀려들 때 혼자만의 세상으로 숨어버리면 더욱더 깊은 고립감을 느끼게 되고 우울해지기 쉽다. 필요 이상으로 비관적이 되어, 남아 있는 일이나 관계까지 단절하고 싶어질지 모른다. 휴식이 이루어지는 동안 믿을 만한 사람과 내 감정을 나눠 보자. 공허감을 말하는 그 순간만큼은 숨통이 트이고 새로운 에너지가 생겨 조금씩 일어설 용기를 낼 수 있다. 빈 마음도 설명될 수 있다. 기꺼이 기다려주고, 들어주는 사람이 있다면 말이다.

깨닫지 못한 소유는 어떤 의미도 없다. 애인을 잃고 그의 소중함을 알게 되는 것, 가족과 떨어져 있는 시간 동안 가족의 힘을 체감하게 되는 것, 나를 잃고 나서야 나란 존재의 귀함을 깨닫게 되는 것은, 아쉽지만 그 자체로 위안이 된다. 새로 생긴 카페에 드문드문 빈자리가 보인다. 생각해 보면 여백이 만드는 가능성에 우리는 기꺼이 우리의 시간을 보탠다. 빽빽한 공간, 잘 짜인 계획, 휴식 없이 달리는 사람들이 우리를 얼마나 숨 막히게 하는가. 피상적인 대화를 나누며, 침묵을 깨고 나온 두려움의 시간들이 우리의 관계를 얼마나 위태롭게 만드는가. 멈추고 비워두고 침묵하는 것, 일상에 들이닥친 공허감은 삶에 더 가까이 다가가도록 우리를 일깨우는 경고와도 같다.

2

자기만의 빛을 잃지 말아야 한다

수치심에 대하여

'쥐구멍에라도 들어가고 싶은 심정'이란 말이 있다. 우리는 종종 쥐처럼 쏙 자기 공간으로 들어가는 뒷모습을 동경한다. 왜 그럴까? 부끄러움, 수치심이라는 감정은 지금 이 순간 내 존재 자체를 부정하고 싶을 만큼 나를 압도해 오기 때문이다. 혹시 어릴 적 속옷만 입은 채 집 밖으로 쫓겨나는 벌을 받아본 적이 있는가? 수많은 학생들 사이에서 교탁 앞으로 불려 나가 엉덩이를 맞아본 기억이 있는가? 화끈거리는 얼굴을 어쩔 줄 몰라 눈물을 흘렸던 적이 있다면, 수치심이란 감정이 얼마나 가혹한지 짐작할 수 있을 것이다.

심리학에서는 죄책감과 수치심을 구분해서 설명한다. 물건을 훔치고 죄책감을 느끼는 것은 물건을 훔친 행위에 대한 감정이다. 반면 수치심은 나의 존재 자체에 대해 부적절감을 느끼는 것과 관련된다. 내가 나쁜 행동을 한 것이 아니라 내가 나쁜 사람인 것이다. 어딘가 잘못된 것 같은 기분, 세상에 받아들여질 수 없을 것이라는 두려움, 이런 나를 아무도 좋아하지 않을 거라는 생각까지. 수치심은 나를 기어코 작은 존재로 덮어버리는 어두운 그림자와 같다.

나는 사랑받을 존재가 아니야

유리 씨는 매번 차이는 연애를 반복한다. 너무 쉽게 누군가를 사랑하고 모든 걸 다 줄 것처럼 연애를 한다. 결국 상대방은 떠난다. 항상 잘해 주고 화내는 일도 없는 만만한 그녀는 대등한 연애에 실패하고 만다.

그녀에게는 결혼까지 생각한 상대가 있었다. 근사한 그가 자신을 좋아해 준다는 것만으로 충분히 기뻤다. 사소한 배려에도 무척 고마웠고, '고맙다'고 몇 번을 말해야 맘이 편해졌다. 한참 동안 연락이 없어도 그저 기다리고 또 기다렸다. 다시 연락이 오면 안도감에 화낼 줄도 몰랐다. 그런 그가 멀리 해외 출장을 다녀온 날, 그는 공항 면세점에서 사 온 립스틱을 던지듯 건네고는 말이 없었다. 냉담한 그의 앞에서 유리 씨는 어쩔 줄을 몰랐다.

집으로 돌아가는 길에 문득 서늘한 다리를 내려다본다. 하필 이런 날 구멍 난 스타킹을 신고 있다니. 아! 찢어진 스타킹처럼 못난 자신이 밉고 또 미웠다.

'그가 떠난다면 모든 게 다 내가 구멍 났기 때문이야!'

부끄러운 유리 씨는 사랑받고 싶었다. 구멍을 따뜻하게 감싸 줄 온기가 필요했다. 자신이 어떤 모습이건 충분히 사랑받을 수 있는 존재라는 것을 누군가 말해 주길 바랐다.

그러나, 있는 모습 그대로 사랑받을 수 없다고 믿은 그녀는 잘못된 전략을 사용하고 있었다. '무조건 받아 주고 맞춰 주면 그가 좋아할 거고, 그러면 나도 좋을 거야!'라는 생각은 그녀를 한없이 작아지게 했다. 상대는 그녀가 원하는 게 뭔지 알 수 없었고, 제멋대로 해도 따라와 주자 결국 지루함을 느꼈다. 유리 씨는 불안한 관계를 아슬아슬하게 유지하다 결국 차이는 상황을 반복하면서, 스스로의 부족함을 확인하고 수치심을 느끼곤 했다.

유리 씨가 애인과의 관계에서 느껴온 수치심은, '나는 사랑받을 만한 존재가 아니야, 못난 나를 누가 사랑하겠어?'라는 생각에서 나온 감정이다. 수치심 이면에 좌절된 사랑이 있었던 것이다. 이를 발견했다면, 내가 먼저 나를 사랑해 주어야 마땅하다. 무례한 애인에게 화를 낼 수 있어야 한다.

수치심은 존재 자체로 당당히 사랑하고 싶고, 사랑받고 싶은 마음이 힘없이 무너질 때 온몸과 마음을 덮쳐오는 감정이다. 유리 씨의 수치심은 더 이상 애인과의 관계에서 비참해지지 말라는 경고와도 같았다.

모른다고 할 수 없어요

요즘 부쩍 성찬 씨는 조급하다. 승진과 함께 책임이 무거워진 것도 한몫했다. 밤새 뒤척이다보니 아침에 일어나도 개운하지 않았고 그런 채로 출근을 하니 쉽게 지쳤다.

입사 10년 차지만 현재 부서로 발령이 난 지는 겨우 1년. 모르는 일이 있는 것이 당연했다. 그런데도 '모른다'는 사실을 인정하기가 어려웠다. 모른다는 걸 인정해야 물어볼 수 있고 그래야 명확히 알고 실력이 늘 텐데, 그걸 할 수 없으니 늘 제자리에서 동동거렸다. 이런 상황에서 임원 앞에서 발표해야 할 상황이 생겼다. 후배들도 함께 들어가는 자리라 심적 부담이 컸다. 그렇지만 성찬 씨는 발표 잘하기로 소문난 직원이었다. 자연스럽게 사람들의 기대를 받았고 스스로도 괜찮을 거라고 여러 번 다짐하며 회의실에 들어갔다.

차례가 되어 자리에서 일어나는 순간, 몸이 사시나무처럼 떨렸다. 얼굴은 빨개지고 머릿속은 하얘져 아무 말도 할 수 없었다. 얼마간 정적이 흘렀다. 그렇게 어처구니없는 시간을 보낸 후, 성찬 씨는 사람들 앞에 서는 것이 두려워졌다. 이런 고민을 누군가에게 이야기할 수는 없었다. 못난 모습을 털어놓느니 차라리 죽고 싶었다.

사람들 앞에 나서기가 두려운 성찬 씨는 '잘나지 못하면 살아갈 가치가 없다'라는 생각을 가지고 있었다. 학창 시절, 좋은 성적을 받아왔을 때 부모님이 크게 기뻐하는 것을 보고 자란 그에게는 '내가 좋은 평가를 받고 뭔가를 이뤄내야 사랑받을 수 있다'란 생각이 자리 잡았다. 좋은 대학에 가고, 좋은 직장에 취직하고, 잘나가는 사람이 되는 등 '계속해서 성취를 이뤄야만 나는 괜찮다'란 생각은 그에게 사소한 좌절조차 허락하지 않았다.

이러한 생각을 지닌 사람들은 계속해서 성취를 원한다.

그렇지 못할 땐 자기 자신이 부끄럽고 죽어버리고 싶기까지 한다. 그러나 어느 누구도 좌절 없이 성공할 수는 없다. 언제나 잘나 보이거나 누구나 인정하는 사람은 이 세상에 존재하지 않는다. 그러니, 지금 당장 성찬 씨가 원했던 것이 성취라고 할지라도, 더 이상은 이것이 채워질 수 없음을 인정하고 내려놓아야 한다.

수치심에 무너지는 약한 나를 인정하고 도움을 청할 때 부족한 내가 수용 받는 경험을 할 수 있다. 그리고 그런 채로 참 괜찮다며 스스로를 공감하는 과정에서, 수치심에 사로잡힌 괴로운 마음으로부터 조금씩 벗어날 수 있게 된다. 성찬 씨의 수치심은 그간 성취를 위해 달리느라 힘들었던 그에게 새로운 삶의 가능성을 일깨워주고 있었다.

타인의 시선이 나를 규정할 때

동성애자인 강미 씨는 사람들의 시선이 두렵다. 커밍아웃하는 사람이 늘어나고 차별과 혐오에 반대하는 목소리가 커지고 있지만, 여전히 동성애에 대한 편견을 마주할 때면 복잡한 감정이 들고 괴로웠다.

고민은 중학교 때부터 시작되었다. 안개 속을 걷는 것처럼 막막한 과정을 어느 누구와도 함께 할 수 없다는 것이 힘겨웠다. 가족에겐 물론이고 친한 친구에게조차 말을 할까 말까 망설이게 되자 점점 위축되고 친구와도 멀어져 외로웠다. 그런 그녀에게 새로운 삶이 열린 건 대학 입학 후 교내 커뮤니티에 가입하면서부터였다. 더 이상 혼자 고민하지 않아도 됐다. 무언가를 숨긴 채 살지 않아도 된다는 것이 얼마나 큰 자유를 주는지. 그러한 자유가 삶을 얼마나 경쾌하게 만드는지 깨닫게 되자 그 이전의 시기가 더욱더 고통스럽게 느껴졌고 다시는 돌아가고 싶지 않았다. 동시에, 커밍아웃 후 마음에 상처를 받았다는 주변 사람들의 이야기를 들으니 막연한 두려움이 실체로 느껴지기 시작했다.

세상은 아직 안전하지 않았다. 상처받지 않기 위해 조심하며 살아야 했다. 그렇게 스스로를 보호하려고 애쓸 때마다 마음속 깊은 곳에 가시가 박히는 것처럼 아팠다. 머리로는 부당한 상황에 화가 났고 원하는 만큼 표현하지 못해 답답함을 느꼈지만 못내 그 소망을 접고 결국 동굴로 숨어 버렸다. 그런 그녀의 마음속에는 해결되지 못한 약한 감정이 있었다.

사회 전반에 공기처럼 퍼져 있는 차별 속에서 강미 씨가 느끼는 수치심은 너무 아파서 마주하기 힘들다. 그저 타고난 모습 때문에 평가받고 배제되는 것은 부당한 일이다. 그럼에도 불구하고, 은근히 가해지는 폭력에 노출될 때 우리는 스스로에게 어떤 문제가 있는 건 아닌지 돌아보게 된다.

'정말 내가 이상한 건가?'

'내가 예민해서 기분이 나쁜 걸까?'

'결국 내 잘못인 건가….'

이런 생각들이 오랫동안 차곡차곡 쌓인다면 어떨까? 내 마음의 상태를 알려줄 소중한 감정들이 억압되어 나조차 나를 알 수 없는 상태가 되고 말 것이다. 나를 알지 못한 채 위험한 세상에 적응해야 한다는 건 얼마나 막막하고 무서운 일인지. 때론 괜찮은 척하느라 많은 애를 써야 하며, 동시에 괜찮지 않은 내가 무척 초라하고 부끄럽게 느껴지기도 할 것이다.

강미 씨에게 세상은 안전하지 못한 곳이라 무섭다. 동시에 나라는 존재가 부정되는 상황이기에 고립되기 쉽다. 성소수자들의 자살률이 높다는 것을 볼 때, 존재 자체를 부정당하는 것이 얼마나 큰 고통인지 가늠해 볼 수 있을 것이다. 이성애자가 너무 당연시되는 사회적 분위기에서 동성애자는 어딘가 모자라고 이상한 존재가 된다. 다수가 꼭 옳은 것은 아닌데 그 차이를 인정하며 세심하게 차별에 맞서는 사람이 아직도 소수다.

커밍아웃을 하려면 큰 용기를 내야 하는 사회 속에서 강미 씨는 존중받고 싶다. 수치심은 그녀에게 너의 존재를 알리고 당당해지라고 말한다. 네 잘못이 아니고 네가 못난 것이 아니라고. '못났다'는 생각이 만든 그 감정은 이면의 나를 주장하고 싶은 마음의 목소리였다.

유난히 찢어지기 쉬운 마음이 있다

우리가 부정적인 감정이라고 말하는 여러 가지 중에서도 유난히 마주하기 어려운 것이 있다. 수치심이다. 한번 떠올려 보자. 그가 연락하지 않아서 불안하다. 그리고 홀로 그의 연락을 기다리는 시간이 외롭다. 기다리다 지치고 어쩜 이렇게 내 마음을 몰라 줄까 화도 난다. 그런데 이 모든 감정을 마침내 연락이 닿은 그에게 말하고자 한다면? 부끄러워 말끝을 흐리게 될지도 모른다. 상대방으로 인해 이토록 흔들리는 나 자신이 이상한 것 같아 부끄러워 솔직하게 말하기 어렵기 때문이다. 결국 부끄러움 안에 모든 감정을 욱여넣고 빠르게 정리하며 말한다. '무슨 일 있었어? 걱정했잖아'라고. 대면하기 싫은 부끄러운 마음은 저만치 버려둔 채로 말이다.

이처럼 수치심은 아주아주 얇아서 찢어지기 쉬운 마음이다. 자신의 존재 자체에 대한 감정이라, 수치심을 크게 느끼면 죽고 싶은 마음이 들기도 한다. 내가 잘못을 저질렀다는 사실에 위축되는 것이 아니라, 내가 이상한 사람이라고 여겨져 한없이 작아지는 것이다. 그 무수한 나쁜 감정을 꺼내 놓으면 못난 사람처럼 보일까 봐 안으로 삭이고 아닌 척 회피한다. 그렇게 덮어둔 마음들이 풀리지 않는 숙제처럼 쌓이고 감당할 수 없는 크기가 될 때, 그 사람 혹은 그 일과의 인연을 끊어버리는 방식으로 극단적인 해결을 시도하게 될 수도 있다.

더는 애쓰지 않아도 된다

그럼에도 불구하고 위로가 되는 건, 우리 모두 부끄러운 마음을 감추고 싶어 한다는 사실이다. 친구에게 고민을 털어놓고 돌아서는 길에 자신이 괜한 이야기로 짐을 던져준 못난 사람이 된 것 같아 부끄러운 적이 있진 않은가? 처음 만난 사람에게 내 부족한 점을 다 드러내고는 '저 사람이 나를 어떻게 볼까'란 생각에 얼굴이 달아오른 적은 없는가? 멋져 보이고 싶은 마음에 은근슬쩍 성과를 과장했는데 결국 누군가에게 들통나 지적을 받으며 고개를 숙이게 된 적은 없는가?

부끄러운 감정을 느끼는 건, 나를 성찰할 수 있는 계기가 된다. 그래서 상담 관계와 같은 안전한 환경에서 나의 모든 이야기를 꺼내 놓고 수치심에 직면하는 것은 아픈 만큼 성장하는 기회가 된다. 또, 아무에게도 말 못 할 것 같았는데 막상 말하고 보면 아무것도 아닌 일도 있다. 시간이 걸릴 수는 있지만 공감할 수 없는 마음이란 없기에. 우리 모두가 보편적인 욕구를 갖고 있는 인간이기 때문이다. 어쩌면 가장 약한 그 마음이 가장 인간적인 마음일지도 모른다.

당신은 참 괜찮다

본래 나쁜 사람은 없다. 못나게 태어난 사람도 없다. 그대로도 참 괜찮다. 이 험한 세상을 이미 잘 살아냈다. 사랑한다는 것이, 성과를 내고 인정받아 높은 위치에 올라가는 것이, 그리고 내 존재를 지켜내려고 하는 그 과정들이 얼마나 귀하고 대단한가.

당신은 부끄럽더라도 다가가기를 반복했다. 그만큼 사랑받고 싶은 자신의 마음에 집중하며 열정을 쏟았다. 때로는 지쳐 포기하고 싶었을 텐데 말이다. 그 이유가 부모님을 실망시켜 드리고 싶지 않은 것이었다 할지라도, 인정받기 위해 자신을 잘 관리하고 주변 사람들의 모범이 되었다. 당신은 마땅히 지켜내야 할 권리를 포기하며 물러서지 않았다. 사회의 편견에 맞서 모두에게 안전한 환경을 만드는 데 이미 한몫을 하고 있는지도 모른다.

그러므로 당신은 참 괜찮다. 더 이상 애쓰지 않아도 된다. 이제 멈춰서 상처받은 자신을 보듬을 때다. 사랑받고자 애쓰며 버림받아 찢어진 나의 마음을. 인정받고자 긴장하며 넘어진 나를. 잘못 없이 비난의 대상이 되어 작아진 나를 부드럽게 감싸 안아주자. 수치심은 초라해진 나를 직면하는 아픈 감정이다. 아픈 만큼 새롭게 성장할 것이라는 걸 믿자. 그런 나를 안아주며 힘을 주자. 우리 모두 각자의 색깔대로 괜찮다는 걸, 무리하게 사랑을 확인하거나 잘난 척하지 않아도 충분히 멋지고 아름답다는 걸 알아줄 때다.

3

당신의 마음은 언제나 옳다

외로움에 대하여

'외롭다'란 말은 흔하다. 가볍게 놀리는 투로 쓰이기도 하고 손쉽게 위로를 청할 때도 우리는 '나 외로워'라고 말한다. 그런데 가만히 보면 정말 외로운 사람은 '외롭다'고 잘 말하지 못한다. 혹은 그렇게 말하고 나면 눈물을 흘리곤 한다. 그만큼 무거운 마음이기 때문이다.

이 세상에 나 혼자인 것 같은, 내가 죽을 만큼 아파도 아무도 내 마음을 모를 거라는 생각. '외로움'은 단순히 감상에 빠지는 정도를 넘어 막막하고 때론 무섭기도 한 생존의 문제와 연결되어 있다.

함께하고 싶어요

신입사원 지연 씨는 요즘따라 자주 운다. 어렸을 때부터 야무지고 똑똑해서 뭘 해도 보통 이상으로 잘 해낸다는 평가를 받아왔고 본인 역시 자부심이 컸다. 무난하게 대학에 입학하고 취업에 성공하기까지, 힘든 일도 있었지만 결국 잘 극복해 원하는 걸 얻었고 세상은 결국 내 편이라 여겼다. 언제나 노력한 만큼 보상이 있을 거라는 믿음이 그를 끊임없이 달리도록 부추겼지만 힘들다고 생각한 적은 없었다. 그러던 지연 씨에게 그날이 찾아왔다. 세상이 등져버린 것 같은 날.

들어간 부서의 업무는 난이도가 높은 편이었다. '너라면 잘해낼 수 있어!'란 말이 싫지 않은 시기를 지나오며 점점 조급해지기 시작했다. 어서 빨리 자리를 잡아야 하는데 그를 도와줄 사람이 아무도 없었다. 아니 도움을 청할 수가 없었다. 그녀는 항상 누군가에게 도움을 주는 사람이었기 때문이다. 선배들을 붙잡고 꼬치꼬치 물으며 부족한 모습을 다 보여주고 싶진 않았다. 실수하게 되는 일들이 하나둘 쌓이면서 지연 씨는 무너졌다. 윗선에서 그의 실수를 메워주고 당분간 좀 쉬라고 했지만 이런 배려에도 불편한 감정은 사라지지 않았다. 제대로 소속되지 못한 채 붕 떠 있는 상태를 견딜 수가 없었다.

지연 씨는 소속감을 원했다. 정도 차이는 있지만, 사람들은 대개 어딘가에 소속되어 있을 때 안정감을 느낀다.

그래서 가족과 아무리 관계가 안 좋아도, 가족이라는 울타리가 있음에 안도할 때가 있는 것이다. 대학생이 취업 준비를 하며 졸업을 미루는 것도 같은 이유다. 학생이라는 신분을 유지하고 있을 때 덜 불안하게 도전해 볼 수 있다. 그렇게 보면 소속감은 내 '역할'에 대한 것이기도 하다. 내가 얼마나 쓸모 있는 존재인지 아닌지를 확인하는 기회다. 가정에서 아빠 그리고 남편으로서 역할을 잘하고 있다고 생각할 때 느끼는 뿌듯함이 있다. 반대로 가족들에게 존중받지 못할 때, 내 역할에 대한 자신감도 떨어지고 결국 이 집에서 나는 있어도 그만 없어도 그만인, 소외된 존재가 되고 만다. 그리고 한없이 외로워진다.

역할로 연결된 관계에서, 역할이 사라지게 되면 완전한 혼자가 된다. 이렇게 외로움은 때로 소속감의 욕구가 좌절될 때 찾아온다.

왜 나만 혼자일까

민아 씨는 4년 전 애인과 헤어진 후 쭉 혼자다. 적지 않은 나이에 부모님 집에 얹혀산다는 것이 달갑진 않았지만 그래도 결혼을 꼭 해야 한다고 생각하거나 특별히 누군가가 필요하다고 생각하진 않았다. 전문직으로 경력도 한창 쌓인 그녀에게 관계 욕구는 잠시 접어 두어도 충분히 괜찮았다.

그렇게 지내던 어느 날, 직장 동료가 청첩장을 건넸다. 속마음을 모두 공유하는 사람은 아니었지만 그래도 "싱글이라 행복해!"를 함께 외치던 오랜 동지였다. 그런 그녀가 소개팅에서 벼락같이 괜찮은 사람을 만났고 함께 살고 싶다는 마음이 들었다고 했다. 왜 다들 결혼을 하는 건지 뒤늦게 깨달았다며 둘이라 좋은 것들을 끊임없이 늘어놓았다. 그날 밤부터 민아 씨는 아팠다. 이제 정말 혼자인 것 같았다. 그간 억눌러 온 욕구들이 한꺼번에 터져 나왔다. 사람의 따뜻한 온기가 얼마나 큰 힘이 되고 안정감을 주었던지, 힘든 순간마다 맘 놓고 기댈 수 있는 사람이 얼마나 간절했는지를. 주체할 수 없는 눈물이 터져 나왔다. 나를 사랑해 줄 사람이 세상에 단 한 명도 없다는 생각에 이르자 사무치게 외로웠다.

민아 씨는 사랑을 원했다. 모두가 짝을 찾아 둘이 될 때 자신에게도 그런 사람이 하나쯤 존재하기를 원했다. 일에 정신없이 몰두하는 열정 말고, 누군가에게 몰두하고 설렐 수 있는 그런 시간을 원했다. 이 사실을 알았을 때, 이미 그런 기회는 자연스럽게 주어지기 어려운 상황이 되어 있었다. 쉽게 얻을 수 없게 되니 더욱더 간절해져 아무도 곁에 없다는 결핍감이 커져만 갔다.

이토록 사랑을 원할 때, 우리는 사무치게 외롭다.

죽음 앞에서 삶을 찾고 싶다

중년에 접어든 정은 씨는 최근 유방암 초기 진단을 받았다. 그날은 담담했는데 시간이 지날수록 감당하기 힘든 감정에 휩싸였다.

결혼 후 아이를 낳고 키우고 동시에 경력을 쌓는 과정이 쉽지는 않았다. 그렇지만 누구나 겪는 일이고 이 정도면 잘 살고 있다고 생각했다. 그런데 막상 암이라는 진단을 받고 죽음으로 향한다고 생각하자 한없이 외로웠다. 가족들은 당연히 걱정하고 함께해 줄 것인데도 별로 얘기하고 싶지 않았다. 아무에게도 말하고 싶지 않은 그 상태가 서러웠다. 아무에게도 말할 수 없었다. 사는 것이 얼마나 힘든 싸움이었는지. 괜찮은 척하고 지냈지만 실은 얼마나 자주 괜찮지 않았는지. 사랑받고 인정받고 싶었지만 애초에 바랄 수도 없는 마음이 사람을 얼마나 초라하게 만드는지를. 정은 씨는 오래전부터 힘없이 꺾여버린 마음들을 바라보며 울고 또 울었다.

정은 씨는 자신의 솔직한 감정을 회피한 채 현실과 타협하며 살아왔다. 충분히 사랑하지 않고 애도하지 못한 세월에 대한 회한이 섞인 외로움. 누구도 자신을 알아주거나 사랑해 줄 거라는 기대 없이, 바라지 않으니 아쉬울 것도 없다는 식으로 스스로와 사람들에게 거리를 두고 살아온 것이다. 정은 씨는 인간이라면 누구에게나 필요한 기본적인 욕구들을 외면해 왔다.

죽음의 그림자를 확인한 정은 씨는 삶에 희망을 주며 그녀를 살게 했던 순간들을 떠올려 볼 필요가 있다. 그런 순간이 있었기에 지금까지 잘 버텨온 것인데, 왜 여전히 그녀는 혼자가 되는 걸까? 그녀에게는 누군가가 곁에 있더라도 함께하지 못하고 외로움을 선택하는, 마음속 깊은 두려움을 직면할 용기가 필요했다. 정은 씨의 외로움은 사랑하는 사람과의 관계에서 이해와 공감을 바라지만, 홀로 웅크리고 있는 마음 상태를 표현하고 있었다.

누구나 외롭다

지금 이 순간 외로움을 자각했다면 일단 그 감정과 조금 거리를 두고 나에게 말을 걸어보자. '너, 지금 외롭구나'라고. 그리고 외로움을 수용해 본다. 외로운 게 잘못은 아니다. 그저 지금 내가 외로운 감정을 느끼고 있는 것일 뿐이다. 나아가, 그럴 만한 현재의 상황을 살피고 인정해 준다.

나에게 연민을 갖고 따뜻한 시선으로 외로움을 바라보는 것은 충분히 괜찮고 도움이 된다. 그렇다고 해서 거기에 너무 깊이 빠지지는 말자. 판단이 시작되면 비관적인 생각은 끝도 없이 이어져 기어코 내게 부정적인 낙인을 찍기 때문이다. 나는 지금 외로운 것이지 내가 늘 '외로운 사람'인 것은 아니라는 걸 기억해야 한다.

사실 인간이라면 누구나 외롭다. 사랑하는 사람이 있다고 해서 언제나 의지가 되는 건 아니다. 가족이 있고 마음이 통하는 집단에 소속되어 있다고 해서 늘 서로 도움을 주고받으며 즐거운 대화를 하는 것도 아니다. 순간순간 외롭고 결국은 혼자임을 확인하면서 허탈해지기도 한다. 이처럼 나의 외로움을 느꼈다면 이제 우리 모두의 외로움을 객관적으로 바라볼 때다.

아주 작은 것부터 시작한다

내 감정을 수용했다면 이제 그 이면의 마음을 돌볼 차례다. 감정 자체가 엄청나면 그것이 보내는 신호에 집중하기 어려워지기 때문에 일단 거리를 둔 채로 지켜볼 필요가 있다. 지금 이 순간 나의 이 외로움은 내게 무엇이 필요하다고 말해 주는 걸까?

어딘가에 소속되어 내 역할을 다하고, 주변 사람들에게 인정받았던 그 순간을 한번 떠올려 보자. 사랑하는 사람과 만나 둘이 하나가 된 것처럼 충만했던 그때의 기억은 어떠한가. 죽고 싶은 순간에도 다시 살고 싶은 마음이 들도록 나를 격려해 준 그 인연들, 그 순간들을 떠올리면 난 어떤 감정을 느낄 수 있는가. 바로, 지금 내가 떠올리는 이 감정이 내게 필요한 것이 무엇인지를 말해 줄 것이다. 아마 그 메시지는 '함께하고 싶고 사랑받고 싶으며, 희망을 갖고 용기를 내고 싶다'일지도 모른다.

충분한 자기 공감이 이루어졌다면, 이제 한 발 내딛어 앞으로 나아가 볼 차례다. 잠시 혼자인 걸 즐기며 워밍업을 할 수도 있다. 그렇게 정리가 된 마음으로 누군가에게 전화를 해 볼 수도 있다. 의외로 나는 혼자가 아닐지도 모른다. 잠깐 멈추고 주위를 돌아보면, 내가 안심하고 나의 외로움을 털어놓을 수 있는 사람이 한 명쯤 있다는 걸 확인하게 될지도 모른다.

현재 내 삶을 반성해 볼 수도 있다. '내가 가정에서 소외된 것에는 내 책임도 있지 않을까? 그렇다면 다른 행동을 해 본다면 상황이 바뀔 수 있지 않을까?' 하며 상상해 보는 것이다. 힘든 남편과 아이를 위해 시간을 내주고 그간 고생했다고, 미안했다고 부드러운 말을 건네 보면 어떨까. 그로 인해 긍정적인 피드백을 하나라도 얻게 된다면 좀 더 힘을 낼 수 있게 될 것이다. 애인이 생기지 않는 문제도 마찬가지다. 전부 내 탓은 아닐 것이다. 그러나 지금 내가 할 수 있는 것에 더 집중해 보면 어떨까. 누군가와 깊은 관계를 맺기 위해서는 나를 어느 정도 내려놓을 준비가 되어 있어야 한다. 그저 외로움을 덜기 위한 도구가 아니라 서로의 삶을 공유할 파트너를 찾는다면 말이다. 내가 기대고 싶은 만큼 상대방도 기댈 수 있게 호기심을 갖고 그의 이야기를 들어줄 수 있어야 한다.

어쩌면 사람들에게 내가 너무 무관심했던 것인지도 모른다. 혹은 그들이 내게 다가올 기회를 주지 않았는지도 모른다. 조금 더 귀 기울이고, 조금 더 날 보여주자. 생각보다 내가 시도할 수 있는 일들은 많다.

어둠이 있어야 별도 보인다

혼자여서 힘든 마음도 있지만 그로 인해 좋은 측면도 있다는 걸 확인하는 것도 때론 힘이 된다. 혼자 집중해야 효율이 높아지고 더 생산적인 일들이 분명 있다.

오랫동안 누군가를 만날 생각 없이 열심히 살았던 민아 씨는 그렇게 일에 매진했던 시간과 에너지 덕분에 경력을 잘 쌓을 수 있었다. 당장은 좀 허무하게 느껴질 수 있어도 그 결과 역시 삶에 소중한 자원인 것은 부정할 수 없다. 이제 내가 가진 것을 동력 삼아 관계를 맺어가는 데 좀 더 용기를 내 보면 된다. 도와줄 사람이 없고 도움을 청할 줄을 몰라 홀로 허덕이는 지연 씨도 그렇게 헤매는 시간을 보냈기 때문에 선배가 된 후에 후배에게 더 잘 공감할 수 있을 것이다. 외롭던 신입사원 시절을 지나 차차 힘이 되는 사람들을 만나게 된다면, 그만큼 관계를 소중하게 돌볼 수 있다. 죽음 앞에서 외로움을 느낀 정은 씨 역시 이 과정을 거쳤기에 표면적으로 그럴듯한 삶에서 벗어나, 진정 원하는 관계 맺기에 집중하게 될 수 있다. 가족과의 거리감을 확인하고 그 해결책을 찾아갈 기회를 얻게 되는 것도 혼자 내 마음을 돌아볼 수 있었기에 가능한 일이다.

문득, 루시드 폴의 노래가 떠오른다. 잔잔한 기타 소리를 반주로 바람처럼 스쳐 가는 노랫말이 실은 그리 가볍지 않다.

'혼자라는 게 때론 지울 수 없는 낙인처럼, 살아가는 게 나를 죄인으로 만드네….'

외로움은 보편적이다. 나만 외로운 것이 아니고 너도 그렇고 우리가 그렇다. 그래서 더 괜찮다. 게다가, 서늘한 가사를 읊조리는 가수의 목소리는 참, 따뜻하다. 어쩌면 우리는 외로운 가운데 따뜻한 세상을 확인할 수 있는지도 모르겠다. 외로울 땐, 세상에 손을 내밀어 보자. 그간 너무 내 안에만 갇혀 있었다는 마음의 경고음인지도 모른다. 먼저 손을 뻗어, 곁에 있는 사람에게 도움을 요청해 보자. 외로운 누군가에게 내가 먼저 도움을 줄 수도 있다. 바로 그 순간부터 외로움은 고마움, 기쁨, 사랑으로 변할 준비를 하게 될 것이다.

4

가장 인간적인 모습은 눈물 속에 있다

슬픔에 대하여

고단한 하루를 마치는 퇴근길, 버스 안에서 익숙한 목소리가 흘러나왔다. 오래전에 인기를 끌었던 그는 오래된 가수가 된 자신의 처지를 노랫말에 담았다.

새로운 곡을 쓰면 인터뷰 제의가 들어오고 그것을 당연하다고 느꼈던 시절이 있었다고 한다. 그러나 지금은 별 4개짜리의 가수가 되었냐는 동정 어린 댓글을 마주한 중년의 가수. 끈적이는 그의 음성이 가사와 너무 어울려 왠지 더 가슴이 아팠다. 한물간 가수의 노래를 듣고 있을 사람에게 겸손한 감사를 보내며 그의 곡은 마무리됐다. 다행이다. 그에게 힘이 되어줄 수 있는 청자가 된 내 마음이 다정해졌다.

무조건 함께 감당해야만 하는 감정이 있다면, 그것은 바로 슬픔이다. 혼자 느끼기엔 너무 무거운 마음. 다행인 건 슬픔만큼 공감하기 쉬운 감정이 또 없다는 것이다. 인간의 삶이란 상실과 좌절의 연속으로 되어 있는 탓에 누구나 그 안에서 슬픔을 겪기 때문이다. 슬픔만큼 '우리'를 무너지게 하는 감정은 없고, 그만큼 서로의 마음을 뜨겁게 연결시키는 감정도 없다. 날이 섰던 마음도 상대의 슬픔 앞에선 한없이 부드러워진다.

수많은 시간을 잃은 채 살아왔다

직장인 현욱 씨는 최근 업무 스트레스가 심하다. 자신은 영업 부서와 영 맞지 않는다고 생각하면서도 꾸역꾸역해 온 일이었다. 이제 막 6년 차를 찍으며 겨우 좋은 성적을 내고 있었는데 엄한 지점으로 발령이 났다. 엎친 데 덮친 격으로 팀장은 회사에서 유명한 꼰대였다. '하면 된다'는 말을 신봉하는 새마을 운동의 수혜자. 조직문화가 바뀌었다지만 상사가 꼰대니 별수 없었다. 회식은 어떻게 빠져나올 수 있다 해도 그 뒷감당을 일로 대신해야 했다. 실적이 나올 수 없는 구조적인 문제를 해결하는 것 따윈 애초에 관심이 없고 무조건 '빠져서' 그렇다니. 현욱 씨는 최선을 다했고 더 이상 자신이 할 수 있는 건 없다는 걸 알지만 팀장에게 반항할 엄두는 나지 않았다.

반복적인 질책은 결국 자책이란 화살로 돌아왔다. 어느 순간부터 '내가 정말 너무 나태한가? 아닌데… 야근을 이렇게 많이 하는데. 그럼 능력이 없는 건가. 그래, 내가 좀 모자라지…'란 생각이 은근하게 마음을 채웠다. 자괴감이 커지니 누군가에게 말하기도 어려웠다. 힘든 마음을 혼자 삭이며 우울감을 키웠다. 복잡한 마음 때문에 잠이 잘 올 리 없었다. 숙면이 어려워지자 낮 동안 집중력도 판단력도 흐려졌다. 실수가 늘어나니 팀장에게 듣는 인신공격성 발언이 기정사실인 것 같았다. '난 이대로 가망 없는 사람이 되는 건가.' 현욱 씨의 얼굴에 수심이 가득 찼다. 그러던 어느 날, 후배의 말을 듣고 울컥하고 말았다.

"선배, 왜 그렇게 슬퍼 보여요?"

현욱 씨는 사는 것이 늘 힘겨웠다. 어려서부터 뭐든 해야 하니까 했고, 하고 싶은 건 그저 마음으로 족했다. 좋은 성적표를 가져오고 좋은 대학에 입학하고 그럴듯한 기업에 취직하는 것으로 가정의 평화를 지켜왔다. 원래 하고 싶은 건 못하는 게 인생이구나 싶었다. 자유롭게 훨훨 날아가고 싶었지만 그건 그저 허황된 꿈일 뿐이라고 믿었다.

많은 사람들이 부모님의 꿈을 본인의 목표로 삼아 살아간다. 많은 부모들이 그들이 이루지 못한 꿈을 대신 이루도록 자식에게 은근슬쩍 강요하고, 혹은 배우자로부터 충족되어야 할 것을 자식에게 요구한다. 그것이 너무 오랫동안 자연스럽게 삶이 된 이들에게, 무언가를 원한다는 것은 낯설고 때론 두렵다. 그럼에도 불구하고 본능적으로 자유를 꿈꾸게 될 때, '나는 누구이고 무얼 위해 살아가는가'라는 실존적 고민에 빠지게 될 때, 슬프고 아프다.

잃어버린 나를 찾고 싶어요

수연 씨는 애인과 멀어졌다는 사실을 인정하고 싶지 않았다. 마지막으로 얼굴 보고 얘기하자는 애인의 전화가 어쩌면 또 다른 시작이 될 수도 있을 거라 믿었다. '그래, 얼굴 보면 다시 좋아질 거야!'라고 생각하며 한껏 부풀었다 조금 괴로워진 마음으로 집을 나섰다.

한 달간 잠수를 타고난 뒤에 얼굴을 들이민 사람답지 않게 그는 너무 태연했다. 늘 그랬던 것처럼 약속 시간에 30분쯤 늦게 나타났고 자리에 앉자마자 수연 씨의 외모에 대한 품평을 잊지 않았다. 오늘의 스타일엔 어떤 문제가 있는지를 지적하며 안타깝다는 표정을 한번 짓고 반박할 틈도 주지 않고 본론으로 들어갔다.

미안하다는 말을 한 번쯤 한 것 같다. 의미 있다고 생각하는 선물을 되돌려주기도 했다. 조용히 그의 말을 듣던 수연 씨는 한번 매달리기도 했다. 그래도 우리 이렇게 헤어지는 건 아니지 않냐고. 힘든 상황인 거냐고. 그 정도는 나도 이해할 수 있노라고. 그러나 그는 머리부터 발끝까지 확고했다. 표정 하나 변하지 않고 자기 말에 마침표를 찍고는 먼저 일어나 카페를 나섰다.

헤어진 그날은 그저 담담했다. 어차피 내 것은 아니었던 시간이라 여겼다. 조각같이 멋진 그 사람은 내게 너무 과분했지 싶었다. 그러나 시간이 지날수록 뭔지 모를 무거운 마음이 수연 씨를 멈춰 세웠다. 친구를 만나 별일 없는 일상을 이야기할 때마저 눈물이 났다. 이별을 알게 된 친구가 어깨에 손을 올렸을 때, 그 새끼 진짜 나쁘다고 언성을 높였을 때, "너가 아깝지 잘 된 거야!"라고 말한 그 순간, 슬며시 어깨가 펴지다가도 이내 쪼그라들었다.

애인과 헤어진 수연 씨가 잃은 것은 무엇일까. 우선 파트너를 잃은 것도 컸다. 그러나 그보다 더 큰 슬픔은 그간 존중받지 못한 애인과의 만남에서 비롯된 감정이었다. 수연 씨는 그와 동등한 인격체로 존중받고 싶었다. 서로의 취향을 인정하며 평가 없이 자신을 수용해 주길 바랐다. 너무 당연한 그 마음을 그녀는 한 번도 표현하지 못했다. 자신의 욕구가 당연하다는 걸 인지하지 못한 탓이었다.

수연 씨는 애인의 무례한 태도에 묘하게 기분이 나빴지만 그것이 기분 나쁠 만한 일인지 확신할 수 없었다. 애인의 말투와 행동를 문제시하기 이전에 상대의 평가에 흔들려 스스로를 탓하고 있었다. '내가 잘해야 했는데', '왜 난 이토록 센스가 없는 걸까?' 등 상대의 평가에 휘둘려 스스로를 검열하고 질책하느라 본인의 다친 마음은 봐 주지 못하고 있었다.

그녀의 슬픔은 애인이 떠나 홀로 남은 그녀에게 제발 스스로를 아끼고 사랑해달라고 애원하는 중이었다. 애인을 잃은 상실감보다 그와 함께 있는 동안 잃었던 자신을 찾아와야 했다. 더 이상 위축되지 말고 가슴을 펴라고, 수연이라는 사람이 어떤 존재인지 가만히 바라보고 존중해 줄 시간이 필요하다고 말이다.

대체 왜 그런 무례하고 자기중심적인 사람에게 끌렸던 것인가. 그것이 정말 사랑이었나? 그 어떤 상처로 인해 위축된 수연 씨에게 이상화된 존재가 필요했던 것은 아닐까? 슬픔을 마주한 수연 씨가 가장 먼저 해야 할 일은 마음의 소리를 잘 듣고 알아주는 것이었다.

사랑하는 존재를 잃다

진우 씨는 오랫동안 컴퓨터 게임에 빠져 살았다. 학교를 핑계로 집을 나온 후 모든 사람과 연락을 끊었다. 고립된 생활에 익숙해질 즈음 편의점을 가는 길에 깡마른 고양이를 만났다. 고양이는 어딘가 불편해 보였다. 낑낑 작은 소리를 내며 그를 쳐다보는 고양이와 눈이 마주치자 그냥 지나칠 수가 없었다. 동물병원에 데려가야 한다는 생각에 몸을 씻고 옷을 챙겨 입어야 했다. 다행히 심한 병은 아니고 어디선가 다리를 다친 모양이었다. 상처를 치료하고 집안으로 데려왔다.

도무지 어떻게 하면 좋을지 몰라 멍하니 앉아 있던 중 문득 떠오르는 친구에게 전화를 걸었다. 오랜만에 진우의 전화를 받은 친구는 반가워하며 그날 바로 몇 가지 고양이 물품을 챙겨 왔다. 친구의 제안으로 고양이의 이름은 순이가 되었다. 고양이 덕분에 순해진 진우를 빗댄 이름이란다. 편의점 계산대 근처에서 캔 사료를 사 온 날, 캔 속에 코를 박고 허겁지겁 먹어 치우는 순이의 모습을 보며 진우 씨는 돈을 벌기로 결심했다.

그렇게 진우 씨의 삶은 변하기 시작했다. 친구와 대화를 나누고 책을 다시 펼치고 취업 준비를 시작한 것 모두 순이가 진우 씨에 삶에 들어온 덕분이었다. 편의점 알바를 시작했고 틈이 날 때마다 구인광고를 살피며 이력서를 수정했다. 그렇게 첫 직장에 출근한 어느 날, 순이는 복막염 진단을 받았다. 고양이에게 치명적인 병이었고 특별한 치료법도 없었다. 순이는 결국 무지개다리를 건넜다. 숨이 끊긴 순이를 바라보며 진우 씨는 난생처음으로 목 놓아 울었다.

어린 시절 부모님과의 관계에서 형성된 애착은 성인이 되어서 타인과 어떻게 관계를 맺고, 나아가 어떻게 세상을 바라보느냐에 큰 영향을 끼친다. 부모에 대한 불신은 '아무도 믿어서는 안 된다'는 생각으로 이어져 사람들을 경계하는 성향으로 발전할 수 있다. 무언가를 성취했을 때에만 부모의 사랑을 느낄 수 있었다면 '성공하지 못하면 무가치하다'라는 생각 때문에 실패를 지나치게 두려워하는 불안한 성향을 키우게 될 수도 있다.

그렇다고 어린 시절의 경험이 한 사람의 인생을 완전히 결정 짓는 것은 아니다. 열악한 환경을 경험하기 이전에 이미 고유한 기질을 지니고 태어나기 때문이다. 또한, 자라면서 상처를 주는 어른을 만나기도 하고, 그 상처를 치유해 주는 사람을 만나기도 한다는 것을 기억해야 한다. 심리치료에서 어린 시절을 떠올리는 것은 어린 나를 안아주고 더 이상 두려워할 필요가 없다는 것을 알려주려는 것이지, 이미 결정된 무언가를 밝히고 체념하기 위한 것이 아니다.

진우 씨는 부모와의 관계에서 긍정적인 감정을 기대할 수 없었고 그로 인해 오랜 시간 고립된 채 살아왔다. 이때 만난 길고양이 순이는 진우 씨의 마음에 씨앗을 심어준 기적 같은 존재였다. 단절했던 친구와 다시 연락했고 스스로를 돌볼 기운을 차렸다. 취업이라는 쉽지 않은 도전의 과정에서도 곁에 누군가 있다는 사실은 마음을 진정시켜주고 힘이 되었다. 순이를 통해 관계에서의 긍정적인 감정을 경험한 진우 씨는 사람과의 관계에도 조금씩 기대하게 됐다. 관심을 주는 만큼 마음을 열고 다가오는 순이를 바라보며 사랑받는 느낌을 받았고, 더불어 누군가를 돌보는 일이 삶의 기쁨이 될 수 있다는 것을 경험하게 되면서 자연스럽게 사랑을 나누는 것에 대한 희망이 자라났다.

그런 진우 씨에게 순이의 죽음은 사형선고와도 같았다. 이제 막 삶을 시작한 그에게 불현듯 닥친 상실의 아픔은 너무 컸다. 그의 울부짖음은 이제껏 쌓였던 설움이었다. 행복을 허락하지 않는 세상에 대한 원망 같았다. 진우 씨의 슬픔은 사랑을 잃어 아픈 마음을 고스란히 담고 있었다.

뚜벅뚜벅 걸어간다

과거의 삶을 잃고, 나 자신을 잃고, 사랑을 잃은, 상실의 순간을 견뎌야 하는 우리에게 혼자라는 건 너무 가혹하다. 그러니 주저하지 말고 도움을 청해야 한다. 가족이나 친구, 혹은 그저 아는 사이이거나 잠시 스쳐 가는 사람일지라도. 누구라도 괜찮다. 행여 깊이 공감하지 못하더라도 그저 털어놓는 것만으로도 조금 가벼워질 수 있다.

슬픔을 말로 표현하기 위해서는 내가 지금 충분히 슬플 만한 상황이라는 것을 스스로 인정해야 한다. 당신은 충분히 슬퍼해도 괜찮다. 누구나 슬프다. 내 삶에서 선택의 가능성을 잃었을 때, 가장 가깝다고 생각한 사람에게서 나의 가치를 잃었을 때, 유일한 애정 대상을 잃었을 때…. 어떻게 슬프지 않을 수 있겠는가. 그렇게 마음 한 곳을 누군가에게 기댄 채 일상을 꿋꿋이 챙겨가는 것도 중요하다.

애도에는 시간이 필요하다. 잊었다고 생각했는데 다시 떠올라 마음을 짓누를 수도 있다. 과거는 돌이킬 수 없고 현실에 집중하며 내 선택을 믿어보자고 마음먹어도 잘 안 되는 날이 있을 것이다. 지적을 멈추지 않았던 옛 애인에 빙의하여 나 자신을 지적하고 못살게 구는 날이 찾아올 지도 모른다. 더 이상 직장생활이 무슨 소용일까 생각될 수 있다.

그러나 우리의 삶은 그대로 참 소중하다. 함부로 포기할 수 있는 것이 아니다. 그저 뚜벅뚜벅 걸어가는 사이 또 다른 삶의 보석을 발견하게 될 것이다. 좌절을 통해 성장하는 이야기는 흔하다. 그 과정을, 어두운 터널을 한번 통과해보자고 마음먹는 것이다. 조급할 것도 없고 특별할 것도 없지만 그저 주어진 삶을 살아간다. 그것만으로 충분하다.

슬픔은 슬픔으로 치유된다

한동안 최은영 작가의 단편 소설집 《내게 무해한 사람》
을 아껴 읽으며 잠자리에 든 적이 있었다. 어쩜 이렇게 아
름다운 문장들이 이토록 사무치게 슬픈지. 분명 슬프고 무
거운 마음들인데 반짝반짝 빛나고 따뜻하기까지 했다. 슬
픔은, 다른 무엇도 아닌 슬픔으로 치유되기 때문일 것이
다. 그러니 슬픔을 두려워하지 말자. 어떤 날은 마음껏 슬
퍼하고 그 안에 잠시 허우적거리도록 나 자신을 내버려 두
어도 괜찮다. 슬픈 노래도 듣고 슬픈 음악도 듣고 세상에
서 제일 슬픈 영화도 보면서.

슬픔으로 위로받는 마음은 운동으로 단련된 몸과 같다.
아픈 몸을 이끌고 근육을 키우는 일은 쉽지 않지만 그 과
정을 견디고 나면 한결 가뿐해지고 힘이 생기는 것과 비슷
하다. 슬픔으로 껴안아진 슬픈 마음은 단단하게 무장된 마
음이라 그 어떤 시련도 쉬이 무너뜨리지 못한다.

우는 만큼 웃을 수 있다

슬픔에서 파생되는 다른 감정에 주의를 기울여보는 것도 좋다. 기꺼이 도움을 주는 사람에게 감사한 마음이 들 때, 그럼에도 불구하고 잘 버텨온 내가 참 기특하다 여겨질 때, 팍팍한 삶에 기름칠을 해 준 사랑스러운 존재에게 온정을 느낄 때. 하나하나의 감정을 소중하게 간직해 보는 것이다. 그만큼 우리의 마음은 풍성해진다.

모든 힘든 감정의 끝에는 슬픔이 자리한다. 우리는 그곳까지 닿아야 비로소 일어설 수 있다. 머물러 슬피 울고 온전히 내 마음에 공감해 줄 때 우리는 다시 일어설 용기를 얻는다. 그래서 슬픔을 치유의 감정이라고 부르는 것이다. 슬픔을 충분히 겪고 떠나보낼 수 있다면, 우리는 그만큼 또 충분히 기뻐할 수 있다.

5

최선을 다했다면 넘어져도 괜찮다

우울에 대하여

때론 낯빛만 보아도 얼마나 우울한지 짐작할 수 있다. 비가 곧 내릴 것 같은 흐린 하늘이, 먹구름이 잔뜩 낀 짙은 어둠이 표정으로 드러난다. 날씨의 변화처럼 우울감은 언제든 누구에게나 찾아오고 또 지나간다. 그렇게 찾아온 우울이 더 깊이 더 오래 지속될 때 우리는 이를 '우울증'이라고 부른다. 우울증이 있는 이들은 '희망을 찾을 수 없다'고 말하며 이대로 삶을 지속하는 것이 무슨 의미가 있는지 묻는다. 삶이란 감옥에 갇힌 것처럼, 이유를 알 수 없지만 어느 순간부터 죄인이 되어버린 것처럼. 죄책감과 후회, 불안을 끌어안은 채 우울의 늪에 빠진다.

쉼 없이 달려온 시간들

병재 씨는 영화를 보던 중 분노가 치밀어 제어하기가 힘들었다. 친구와 심하게 다툰 터라 잠도 오지 않았다. 가만히 혼자 앉아 있는데 잘 납득이 되지 않았다. 무엇 때문에 일상이 이토록 흔들리는가. 멍하니 생각에 잠겨 영화 속 장면들을 돌이켜본다. 힘없는 사람들이 이유 없는 폭력에 노출되어 있는 상황. 누구에게도 이해받지 못한 채 힘겹게 살아가는 사람들을 떠올리니 눈물이 흘렀다.

전혀 다른 기질의 부모는 병재 씨를 잘 공감할 수 없었다. 사람들과 어울리기 힘들어하는 그에게 새로운 환경에 적응해보라며 밀어 붙였다. 친구들과 잘 어울리기 어려운가 싶어 캠프에 보내고, 놀 거리가 없어 지루한가 싶어 다양한 체험 기회를 찾아 알려주었다. 해외 연수까지 보내며 영어 교육을 시켰는데 돌아온 아이는 왠지 더 무기력해 보였다. 상처받은 아이의 심정을 이해할 수 없는 엄마는 이토록 잘해 주고 있는데 뭐가 불만인 거냐며 화를 내며 다그치길 반복했다.

언제나 자신의 잘못인 것만 같았다. 사회적으로 성공하고 자기 관리도 철저하며 모든 역할에서 책임을 다하는 완벽한 부모에게 병재 씨는 늘 폐를 끼치는 존재였다. 에너지가 달리는 아들의 입장에서는 엄마의 적극적인 제안들이 버겁기만 했다. 가족 중 아무도 그와 같은 사람이 없었고 모두 이해할 수 없을 거란 생각에 할 말을 삼켰다. 조용한 그는 말수가 더 줄었고 그럴수록 부모의 압박은 심해졌다. 악순환의 고리를 어떻게 풀어야 할까. 병재 씨는 어떻게든 이 상황을 벗어나고 싶어 무조건 집에서 가장 먼 곳으로 대학을 선택했다.

  가족 안에서 문제가 있을 때, 혼자 있으면 모든 문제가 해결될 것만 같지만 그렇지 않은 경우가 많다. 어린 시절 자라온 환경에서 터득한 삶의 기술이 있는데 그것을 바꾸는 데에는 시간이 필요하기 때문이다. 병재 씨도 마찬가지였다. 오랫동안 부적절감을 안고 살아온 그는 직접적인 압력에서는 벗어났으나 막연한 죄책감과 우울감은 더 깊어졌다. 일상의 규율이 사라져 자유로워졌지만, 그만큼 그를 붙잡고 있던 틀이 없어져 불안해지게 된 것이다. 불안은 사소한 일도 시작하기 어렵게 손발을 묶고 일상을 멈추게 하며 무기력하게 만든다. 자신감을 잃게 하여 새로운 시도조차 하기 어렵게 만든다. 몸은 성인이지만 마음은 이제 막 세상을 경험하는 아이처럼 어리고 여린 탓이다.
  동시에 병재 씨는 분노에 휩싸였다. 다수의 폭력 앞에 상처받은 사람들의 이야기에 자극을 받고 대신 분노했던 것이다. 분노라는 감정은 병재 씨에게 이제는 자신의 목소리를 낼 때라고 말하고 있었고, 분노로 표현되는 그의 우울감은 오랜 시간 쌓아두었던 마음의 상처를 드러냈다. 드디어 상처받은 내면 아이를 마주하게 된 병재 씨에게 분노라는 감정은, 자신의 마음을 알아주고 공감해 줄 누군가가 필요하다고 외치고 있었다.

사랑받기 위해 태어났다는 말

희원 씨는 최근 애인과 갈등이 잦다. 한번 갈등이 시작되면 서로 죽일 듯이 화를 낸 뒤에야 끝이 났다. 함께 살기 시작하면서 아무리 싸워도 같은 공간에 있어야 한다는 것이 큰 부담이 된 듯 싶었다. 불같이 싸우고 언제 그랬냐는 듯 일상으로 돌아가는 일이 반복되면서 두 사람은 조금씩 지쳐갔다. 즐겁고 다정한 대화를 나눈 지도 오래된 것 같았다. 무표정인 채로 각자의 일에 몰두하는 날이 늘어갔다.

어느 밤, 자연스럽게 돌아누운 희원 씨는 한 달 가까이 입맛이 없고 웃지 못했으며 불면의 밤을 보내고 있다는 것을 깨달았다. 흐르는 눈물을 감추느라 머리끝까지 이불을 천천히 끌어

당겨야만 했다. 희원 씨는 아무도 모르게 우는 것에 선수였다.

일찍 독립해서 성공을 이룬 희원 씨는 관계보다 일에 매달리는 사람이었다. 부모님이 이혼하여 조부모와 함께 자라는 동안, 누군가에게 마음을 주고 의지할 기회가 없었다. 관계와 다르게 확실한 보상이 주어지는 공부나 일에 완벽을 기하며 살았다. 그럼에도 불구하고 지금의 애인과 긴 연애를 할 수 있었던 건 '절대 떠나지 않을 것'이라는 그의 말 때문이었다. 싸움 끝에 내뱉은 마치 저주 같은 말이기도 했는데, 희원 씨는 그 말에 은근히 기대를 걸고 있었다. 떠나지 않고 내치지 않는다면 어떤 고통도 감수할 수 있을 것만 같았다. 동시에 그럴 일은 없을 거라는 불신으로 때론 애인을 테스트하듯이 더 화를 내고 자책하며 우울해했다. 애초에 사랑을 기대한 스스로에게 벌을 주는 것만 같았다.

희원 씨의 우울은 사랑과 돌봄의 욕구가 좌절된 어린아이의 울음과 닮았다. 어린 시절 부모님의 이혼 후 조부모에게 맡겨진 그는 부모님으로부터 버림받은 아픔을 간직한 채 살아야 했다.

나이가 어릴수록, 상황에 대한 이해가 없을수록, 알 수 없는 우울감에 빠지기 쉽다. 대체 자신이 무엇을 잘못했기에 부모에게 버림받은 건지 이해할 수 없기 때문이다. 캄캄한 어둠 속에서 원인을 알 수 없어 헤매다 보면 스스로에게 원인을 돌려 상황을 이해하려고 하게 된다. 만약 이때 무심하고 엄격한 양육자를 만나게 되면, 아이는 홀로 아픔을 삭이게 되고, 사람들을 경계하는 마음을 키우며 자라게 된다. 무심하고 엄한 조부모 밑에서 큰 희원 씨 역시 사람에 대한 신뢰가 부족한 채로 자랐다. 일에서의 자신감은 관계에 어느 정도 긍정적인 영향을 끼쳤지만, 관계가 깊어지니 문제점이 드러났다. 해결되지 못한 문제는 반복되는 싸움으로, 그리고 그에 따른 짙은 우울감으로 나타나고 있었다.

이제 희원 씨는 싸움을 멈추고 애인과 진지한 소통을 해야 할 때다. 자신에게 필요한 사랑과 관심에 대해 말하고 그것이 좌절된 상황에서 휩싸이는 우울감에 대해 더 이상 숨겨서는 안 된다. 그녀의 우울은, 사랑받고 싶은 마음은 누구에게나 있고 그것을 원하는 것은 너무나 당연하다는 것을 스스로 이해하고 받아들이라고 말하고 있었다.

갈등하느니 내가 책임지겠어

규현 씨는 잘 참는 성격 때문에 '곰'이라고 불렸다. 덩치도 산처럼 커다랗고 웃는 모습도 다정해 곰이라는 별명이 딱 맞았다. 어디서나 무던하게 잘 적응하고 성실하고 꾸준한 모습으로 신뢰를 얻는 그런 사람이었다. 그러던 그가 결혼하고 아이를 낳고, 인생의 쓴맛과 단맛을 즐기며 살아가던 어느 날, 깊은 우울감에 빠졌다. 입맛도 없고 사람이 많은 곳을 피하게 됐으며 자꾸만 혼자 있고 싶어졌다. 가족 안에서의 역할도 겨우겨우 해냈다. 멍해지는 시간이 길어졌다. 모든 것이 짐처럼 느껴지고 벗어나고 싶었다.

구체적인 계기는 없었다. 다만 사춘기에 접어든 아들이 규현 씨를 본 척도 하지 않고 휴대폰을 쳐다보고 있던 날, 조금 울적한 기분이 들었던 것 같다. 하필 그날 회사에서 나이 어린 상사에게 싫은 소리를 듣기도 했다. 아무리 생각해도 옳지 않은 결정인데, 부장은 너무 당당하게 본인의 주장을 펼쳤다. 후배들 앞에서 난처해진 규현 씨는 더는 말하지 않았다. 그저 자리로 돌아와 주어진 일을 했다. 어떤 상황에서도 부서 분위기를 소란하게 만들고 싶지 않았기 때문이었다. 밤늦게 회사에 남아 그는 스스로의 마음과 후배의 마음까지 다독여가며 억지로 일을 끝냈다. 이런 일상이 언제까지 반복될까. 정해진 미래가 막막했고 알 수 없는 미래에 대한 막연한 불안감에 가슴이 서늘해졌다.

갈등이 심한 가족 안에는 반드시 중재 역할을 하는 사람이 있게 마련이다. 규현 씨는 부모님의 잦은 부부싸움에서 어느 한 쪽의 편을 들 수 없었다. 동시에 양쪽의 하소연을 묵묵히 듣고 위로하는 역할까지 맡아야 했다. '그래도 네가 있어 다행이다'라는 한 마디에 때론 으쓱해졌지만 동시에 허탈하기도 했다. 다른 친구들처럼 그도 마냥 울거나 화를 내거나 피하고 싶었다. 그럼에도 그럴 수 없는 분위기 속에서 규현 씨가 삼킨 눈물은 조금씩 쌓여 돌덩이처럼 몸속 어딘가에 숨어 있었다. 겉으로는 모든 것이 해결된 것처럼 보였지만 내면에서는 태풍이 몰아쳤다.

이렇게 어린 시절부터 단련된 규현 씨의 마음은 성인이 되어서도 그 힘을 발휘했다. 가족 안에서 든든한 가장이 되어야 했고 회사에서는 최대한 갈등을 피한 채 자신의 몫을 묵묵히 해치워야만 했다. 그러나, 그 어떤 욕구도 '평화와 안전'을 대체할 수 없었다. 그의 마음은 평생을 긴장 상태에서 벗어나지 못했다.

그의 우울은 더 이상 참고 버틸 수만은 없다고 말하는 마음의 소리였다. 규현 씨의 우울은 다른 무엇보다 자기 마음의 평화를 갈망하고 있었다.

허우적거리지 말고 몸을 맡겨라

대개 우울은 우리의 일상을 해친다. 식욕이 사라지고 잠을 이루지 못하며 몸을 움직일 수 없다. 몸의 피로는 마음으로 이어져 눈물이 나고 불안해지며 어쩔 줄 모르게 된다. 이 시간을 그저 버텨야 할 수도 있다. 왜 우울해졌는지를 탓하는 건 자신을 두 번 죽이는 일이다. 이러한 우울의 늪에서 빠져나오는 방법은, 그저 몸을 맡기는 것이다. 허우적거리지 말자. 억지로 기분을 띄우려고 지나치게 애쓰거나 몸부림치는 것을 멈춰 보자. 그렇다고 일부러 우울에 깊이 빠질 필요는 없다. 흐르는 물에 가만히 몸을 맡기면 어느새 수면 위로 떠오르는 것처럼, 그저 일상을 살다 보면 지나가는 감정일 수도 있다.

몸을 가만히 맡겨 보았다면, 이제는 바닥을 치고 올라오는 것들을 생각해 볼 때다. 용수철이나 바다 깊숙이 들어간 잠수부처럼, 바닥을 치고 나야 솟아오를 수 있는 것이 있다. 우리 마음도 그렇다. 바닥으로 한없이 가라앉고 나면 약간의 틈이 생긴다. 이때 현실을 있는 그대로 바라보면, 일상에서 어떤 긍정적인 순간을 발견할 수 있게 된다. 그 순간은, 불현듯 걸려온 친구의 전화일 수도 있고 무심코 들어간 카페에서 맛본 최상의 바닐라 라떼일 수도, 우연히 만나게 된 이국적인 음악이나 향기일 수도 있다. 이렇게 작고 사소해 보이는 것들에 기대어 우리는 조금씩 일어날 수 있게 된다.

때론 좀 우울해야 한다

우울이라는 감정이 고통스러운 느낌을 불러옴에도 불구하고, 사람은 때론 좀 우울해야 한다. 과거를 돌아보며 후회할 줄 알아야 미래에 반영할 수 있고, 미안함이나 고마움 등 마땅히 느끼고 표현해야 할 것들 앞에서 잠시 멈춰볼 수 있기 때문이다. 더욱 겸손해지고 삶에 대해 진지해지는 것이다. 그러니, 우울한 시기가 오면 나를 돌아볼 기회라고 생각해 보자. 이제까지 아무 생각 없이 살아왔는데, 이런 위기가 나를 성장시킬지도 모른다고 여기며 말이다. 더 나은 삶을 살아가기 위한 좋은 기회가 될 수 있다.

이 과정에 도움을 줄 만한 것이 바로 '일기 쓰기'다. 하루, 일주일, 한 달 동안 나는 어떤 일이나 어떤 생각을 해왔는지 적어본다. 글로 쓰는 행위는 막연한 생각 속에서 휘몰아치는 감정들에 브레이크를 걸어준다. 또박또박 글씨를 쓰는 것 자체가 때론 명상이 되고, 현재의 마음을 글로 표현해 보면 생각보다 별일이 아니라고 여겨져 조금 가벼워지기도 한다. 근사한 문장 속에서 스스로를 칭찬할 거리를 발견하게 될 수도 있다. 자신을 칭찬할 수 있는 힘이 생긴다면 한발 나아간 것이다. 그런 나의 일상을 누군가와 나누고 웃을 수 있다면 행복의 가능성이 열리게 된다.

6

사랑한 만큼 미워지기 마련이다

서운함에 대하여

어떤 감정은 밀려든다. 처음엔 그럭저럭 견딜 만했었는데 시간이 지날수록 점점 더 커져 피할 수 없는 상태가 되어 버린다. 그렇다고 폭우처럼 갑작스럽게 쏟아지는 것은 아니다. 서서히 파도가 밀려들 듯이 찾아와 우리 마음을 온통 물들이는 것이다. 나도 모르게 눈물이 뚝 떨어지고 감정을 드러내려고 하면 복받쳐 오르기도 하니 주의가 필요하다. 그래서 상대에게 말로 표현하기를 주저하게 된다. 그만큼 용기가 필요하며 때론 좀 귀엽기도 한, 우리의 작은 마음이 바로 서운함이다.

나를 믿어주세요

현진 씨는 며칠째 밥맛이 없다. 수면의 질도 떨어져서 8시간쯤 누워있는 데도 종일 피로했다. 대단한 사건이 있었던 것도 아닌데 왜 이렇게 골골대나 스스로도 이해가 가지 않았다. 휴일 오후, 멍하니 앉아있던 그는 밥이나 먹자는 친구의 메시지에 기계처럼 몸을 움직여 집을 나섰다. 왠지 내키지 않지만 밥은 먹어야 하니까. 자주 만나는 식당에 들어가 국밥 두 개를 시키고 앉았는데 순간 눈물이 왈칵 쏟아졌다. 마주 앉은 친구가 놀라 묻는다.

"야, 무슨 일이야?"

그러니까 그날도 국밥을 시켰었다. 평소 팀에서 유일하게 믿고 따르던 선배와 오랜만에 점심을 먹는 자리여서 조금 설레기도 했다. 힘든 일이 있을 때마다 귀신같이 알고 커피 한잔 하자고 손을 내밀어주는 사람이었다. 가벼운 실수는 눈감아주고 알아서 처리해 주는데 그 능력도 뛰어나서 나도 꼭 저런 사람이 되어야지 다짐하기도 했었다. 최근 새로 시작한 일로 바빠 대화를 나눌 기회가 없었지만 존재 자체로 든든했다.

그리고 그날, 국밥 그릇이 비워지자 선배는 어렵게 이야기를 꺼냈다. 함께 진행 중인 프로젝트에서 현진은 빠지게 되었다고 했다. 욕심이 나긴 했지만 반드시 해야만 하는 건 아니었다. 부서가 바뀌는 것도 아니고 여전히 자신의 역할은 남아있으니 아주 아쉬울 건 없었다. 어차피 힘들어서 낑낑댈 때가 많았던 걸 생각하면 차라리 잘된 일이기도 했다. 그런데 왠지 모르게 잘 들어간 밥이 몸속 어딘가에서 턱 걸린 기분이었다. 팀장을 대신해서 이야기를 전달한다는 선배의 말투가 서늘해 긴장이 됐던 것 같다. 아무 말도 못 하고 얼어붙은 그의 모습이 못마땅했던가. 늘 친절하던 선배는 회사는 학교가 아니라며, 업무를 학교 과제처럼 하면 안 된다는 말을 툭 내뱉고는 먼저 일어섰다.

우리는 똑같은 상황에서도 그 대상이 누구냐에 따라 다른 감정을 느낀다. 현진 씨는 다른 누구도 아닌 믿고 의지했던 선배가 그런 말을 했다는 데에 충격을 받았다. 현진 씨는 힘들다며 투덜대기도 했지만 잘하고 싶었고 그만큼 최선을 다했다. 그런 모습을 선배는 알고 있을 거라 믿었다. 혼자 남아 야근하는 것도, 선배가 소개해 준 책을 읽고 공부하는 것도, 회사는 학교가 아니고 지금 하는 프로젝트가 어렵고 또 중요한 것임을 알고 하는 것이었다.

그런 그에게 선배가 일침을 놓듯 꺼낸 한 마디는 현진 씨의 마음을 무너뜨렸다. 단순히 무심한 선배에게 화가 난 것이 아니었다. 현진 씨는 끝내 그를 믿어주지 않았던 선배에 대한 서운함에 복받친 것이었다. 우리는 누군가를 믿고 마음을 열게 되면 그도 자신을 믿어주기를, 나를 다른 사람과 다르게 대해 주길 바란다. 현진 씨의 서운함은 신뢰가 무너진 곳에서 비롯된 것이었다.

── 나 여기 있어요

스무 살이 되면서 집을 나온 주희 씨는 한 달 가까이 엄마와 냉전 중이다. 주희 씨와 엄마의 관계는 각별했다. 아버지가 일찍 돌아가시고 단둘이 어려운 살림을 근근이 이어가며 쌓인 정이 컸다. 주희 씨의 엄마는 능력이 있고 성공에 대한 야망도 컸지만, 자식을 키우는 일에 모든 자원을 총동원하느라 개인의 삶은 포기한 채 살았다. 그만큼 딸에게 바라는 것이 많았고 이는 결국 집착으로 이어졌다. 대학 입시를 준비할 때 절정이었다. 당시 너무 질려버린 주희 씨는 입학과 동시에 집을 떠나겠다고 다짐했다. 그녀의 엄마가 '원하는 대학에 합격만 하면 모든 것은 네 맘대로 할 수 있다'고 했으니까. 그러나 막상 합격 후 학교 근처 집을 구하려고 하자 주희 씨의 엄마는 딱 잘라 안 된다고 말했다. 생각해 보니 주변에서 어떻게 볼지 걱정이라는 것이었다. 여자 혼자 자취를 한다고 하면 사람들이 쉽게 보지 않겠냐고, 딸을 혼자 내보낸 엄마를 매정하다 하지 않겠냐며 주희 씨를 뜯어말렸다.

생각해 보니 늘 이런 식이었다. 엄마는 늘 사람들의 평판을 따졌다. '엄마 혼자 키운 애라 저렇지'란 말을 듣지 않으려고 엄하게 훈육하고 공부시키는 데 열을 올렸다. 결국 엄마에게 중요한 것은 딸에 대한 애정이 아닌, 사람들에게 보여지는 그럴듯한 엄마와 딸의 모습이었다고 생각하니 울컥했다. 주희 씨는 생각했다.

'엄마가 내가 원하는 것이 무엇인지 물은 적이 있었나?'

'내가 왜 집을 나가 살고 싶은지 물어보고 대화하는 시간을 가졌던가?'

일단 대학에 가고, 일단 토 달지 말고, 일단 안 되고! 엄마의 통제에 갑갑함을 느껴 벗어나고 싶었던 그녀는 이제 그것과는 조금 다른 감정으로 아팠다.

부모 중 한 명이, 부재하거나 가족의 역할에서 배제된 경우, 아이가 한쪽 부모와 지나치게 밀착된 채 성장하기 쉽다. 어린아이가 자신의 생존이 달려 있는 양육자에게 의

존하는 것은 어찌보면 당연하다. 반대로 양육자가 아이에게 의존하는 상태는 부자연스럽고 아이 성장에 큰 짐이 된다. 때로는 힘이 있어 보이는 부모도 아이에게 부담을 주게 되는데 주희 씨의 경우가 그랬다.

엄마의 고생을 보고 자랐던 터라 마음 밑바닥에 죄책감이 있었던 주희 씨는 엄마의 요구를 거절하기 어려웠다. 힘겨운 엄마의 짐을 조금이라도 덜어줄 수 있을 때 마음이 가벼워지고 당당해졌다. 아이는 조숙해지고, 엄마는 감당하기 힘든 부분을 무의식중에 아이에게 떠넘겼다. 어린아이인 자녀와 어른인 부모. 같은 크기의 부담이라도 아이에게는 더 크게 느껴지기 마련이다. 그리고, 그 짐은 고스란히 성격 형성에 영향을 끼친다. 자연스러운 감정을 억압하며 자라는 탓에 그 어떤 것도 쉽게 선택하기 어려워지고, 역할과 의무에 매이게 되는 것이다. 이러한 아이가 성인이 되면 그간의 짐을 인식하고 그로부터 벗어나고 싶어지게 된다. 자연스러운 성장의 신호다. 주희 씨가 엄마의 통제에서 벗어나 독립을 원했던 것 역시 그런 맥락에서 이해될 수 있다. 이때 엄마가 그 깊은 속마음까지는 이해하지 못할 수도 있지만, 지금 딸에게 무엇이 중요하고 무엇이 좌절되었는지 궁금해하지 않는다는 것은 주희 씨에게 상처가 되기에 충분했다.

항상 함께인 줄 알았던 엄마가 정작 자신에게 진심으로 관심 가져주지 않는다는 것을 깨달았을 때, 자신을 있는 그대로 사랑해 주지 않았다는 걸 확인하는 순간, 서운한 감정이 훅 밀려들었다. 주희 씨는 엄마가 있는 그대로의 자신을 봐주고 사랑하는지 확인하고 싶었다. 아프더라도 회피하지 않고 함께하면서, 깊은 상처에 약을 발라 줄 수 있는 그런 엄마를 원했다. 주희 씨의 서운함은 이러한 바람들이 좌절되었다며 아프다고 말하고 있었다.

세상에 홀로 남다

취업 준비 중인 상준 씨는 부쩍 SNS에 시간을 많이 쓴다. 아무래도 인터넷을 써야 하는 일이 많다 보니 자연스럽게 한 번씩 접속하게 됐다. 그러다 보면 시간이 금방 지나갔다. 그 안에서 새로운 사람을 만나기도 했다. 나와 비슷한 관심사를 가진 사람의 다른 시각을 보는 것은 흥미로운 일이었다. '생각도 자라고 시야도 넓어지고. 배우는 게 참 많네!'라고 생각하면서 계속해서 휴대폰을 확인했다. 동경하는 인물도 생겼다. 어쩌면 그저 평범한 사람일 텐데 마치 연예인이라도 된 것처럼 자꾸 훔쳐보게 됐다. 그러던 어느 날, 용기를 내어 쪽지를 보냈다. 그렇게 몇 번 대화를 주고받던 중 상대가 맞팔을 해오는 일이 벌어졌다.

그날 상준 씨는 흥분을 감추지 못했다. 마치 취직이라도 된 양 신이 나 하루 종일 행복했다. 언제 같이 저녁이나 먹자는 제안에 분위기 있는 식당에서 이런저런 이야기를 나누는 상상을 하기도 했다. 그렇게 둘은 만났고 서먹한 자리는 한 시간쯤 뒤에 끝이 났다. 사진으로 본 사이였지만 실물은 꽤나 낯설었다. 오늘은 술을 마시고 싶지 않다니. 서먹함은 좀처럼 사라지지 않았다. 문자로 대화할 땐 그렇게 죽이 잘 맞던 둘이었는데 말을 섞는 게 이렇게 다르고 어색할 줄은 몰랐다.

모처럼의 외출이었던 상준에게 그날의 만남은 너무 아쉬웠다. 대체 어디서부터 잘못된 건지 곱씹으며 자책하다 보니 우울해져서 더는 SNS에 접속하고 싶지 않았다. 계정을 삭제하고 싶은 충동마저 들었다. 그렇게 한 달쯤 지난 어느 날, 그가 팔로우를 끊은 것을 알았다. 그러니까 언팔을 당한 것이다.

온라인에서의 만남이 활성화되면서 사람들은 너무 쉽게 만나고, 너무 쉽게 사랑에 빠지며, 너무 쉽게 관계를 단절하고 단절된다. 관계가 끊기면 그 이유를 확인하기도 어렵거니와 작정하고 잠수를 타면 다시 연결될 여지도 없다. 그러니 기대 없이 만나야 하는데 사람 간 만남이 그렇게 되지 않는다는 것이 문제다. 온라인에서도 관계는 깊어지고 그만큼 우리 마음에 기대가 자라나는 것은 당연하다.

상준 씨는 비슷한 관심사를 가진 상대를 만나 행복감을 느꼈다. 취업 준비 중이라는 핑계로 사람들과의 인연을 끊고 다른 곳에 신경 쓰지 말자고 다짐했지만 외로운 시간을 버틸 수 있는 무언가가 필요했던 터였다. 세상, 그리고 사람과 연결되고 싶은 욕구를 맞팔을 통해 이뤘다.

그러나, 연결 욕구는 상대방의 갑작스러운 언팔로 인해 좌절되어 버리고 말았다. 고작 한 사람이 나와의 SNS 관계를 끊은 것뿐인데, 세상에 혼자가 된 기분을 느꼈다. 상준 씨는 기어이 언팔을 한 상대방이 야속하고 서운했다.

조심스럽게 다가가 보자

서운함은 상대에게 표현하는 것만으로도 조금은 해소되는 감정이다. 대부분은 오해에서 비롯된 감정이라, 상대에게 비교적 쉽게 받아들여지기 때문이다. 그렇지만 말을 하면 내가 너무 작아질까 봐 솔직하게 털어놓지 못하게 만드는 감정이 바로 서운함이다. 그러나, 돌이켜 생각해 보면 충분히 섭섭할 만하다. 내가 믿는 그가 나를 알아주지 않는데, 내가 사랑하는 사람이 내게 관심이 없는데, 나와 즐겁게 소통하던 그가 말도 없이 연락을 끊어버렸는데! 누가 서운하지 않을 수 있겠는가.

일단 그 대상에 대한 서운함을 인식했다면 용기를 내 보자. 조심스럽게 다가가 마음을 표현해 보는 것이다. 상대가 중요한 사람일수록 그냥 지나치지 말고 용기를 내는 것이 좋다. 서운함을 말한 탓에 서로의 거리가 멀어질까 두려울 수는 있지만, 어설프게 참으면 도리어 멀어질 수도 있는 까닭이다. 표현되지 못한 감정이 쌓이고 쌓이다 보면 분노가 되기 마련이다. 제대로 드러나지 않고 비집고 나온 서운함은 상대를 불쾌하게 만들 수 있다. 영문도 모르게 짜증을 내거나 질문이나 제안을 무시해 버리는 등 서운해서 무의식적으로 하게 되는 행동들은 상대를 혼란스럽게 만들고 사이를 멀어지게 한다.

조심스럽게 다가가보자고 한 것은, 상처받기 싫은 나의 마음도 충분히 공감할 필요가 있기 때문이다. 나와 연락을 끊은 그 사람에게 전화했을 때 받을 수 있는 상처(전화를 피하거나, 예상치 못한 공격을 받는 등)를 내가 견뎌낼 수 있는 상황인가. 나를 위로해 줄 누군가가 곁에 있는가. 현재 내가 너무 취약해서 작은 부정적인 반응에도 쓰러질 것 같다면, 그냥 덮어두어도 괜찮다. 대신 부정적인 방향으로 해석하지는 말자. 가능하면 나를 보호하고 내게 유리한 쪽으로 해석하고 정리하자. 어차피 정답은 알 수 없는데 부정적인 가능성에 기대어 스스로를 해칠 필요는 없다.

기대한 만큼 서운하다

서운함이 밀려올 때 그 누구의 탓으로 돌리기보다는 이면의 내 마음에 공감해 보자.

'그만큼 상대가 내게 소중한 사람이었구나.'

'내가 그를 참 좋아했구나.'

'내게 의미 있는 관계였구나.'

이렇게 생각하며 애도하는 시간을 갖자. 물론 부모에 대한 기대를 내려놓고 포기하는 과정은 쉽지 않고 그만큼 아프다. 그럼에도 불구하고 우리는 받아들여야 한다. 부모의 태도가 변하지 않을 것이라는 걸, 내 성격을 변화시키기 어려운 것처럼 그들도 그럴 거라는 것을. 그 순간 무력감에 빠질 수 있겠지만 계속해서 부딪치며 상처를 보태는 것보다는 낫다. 무력감의 시간이 지나면, 저절로 변화하는 것들이 생겨나고 이것들이 마음 깊이 수용되는 날이 오게 될 것이다.

여기서 주의할 점은, 내가 어떠한 사람에게 기대를 했고 그에게 서운함을 느낀 것이지, 이를 보편화하여 사람 전체에게 기대하면 안 된다는 식으로 해석하면 곤란하다는 것이다. 내가 사랑을 기대했던 엄마가 내게 관심이 없었다고 '누군가를 사랑하면 그 사람은 내게 관심이 없을 거야'라는 식으로 생각해버리면, 관계의 여러 가능성을 놓치게 된다.

어떤 관계에서는 지나치게 기대하는 것을 경계해야 한다. 회사생활에서도 그렇고, 온라인에서 맺어진 관계는 서로를 잘 알 수 없으니 더더욱 그렇다. 그러나 어떤 소중한 관계는 서로에게 기대할수록 그만큼 더 관심을 갖게 되고 또 그만큼 더 가까워질 수 있기 때문에 예외가 있다는 사실을 잊지 말아야 한다.

　서운함 혹은 섭섭함은 권력과 합세해 다소 폭력적인 감정이 되기도 한다. 시어머니가 며느리에게 하는 말이나 회사의 리더가 부하 직원에게 하는 말 등을 생각해 보면 쉽게 떠올릴 수 있다. 그럼에도 불구하고 서운함의 배경에 '기대'가 있다고 했을 때, 서운함은 꽤나 다정한 감정이 아닌가 싶다. 내가 어떻게 해도 서운해하지 않는 애인에게는 종종 사랑을 의심하게 된다. 내가 소중한 것을 돌보지 못하고 정신없이 방황할 때 서운함을 표현해 주는 내 소중한 사람은, 내 주위를 환기시켜 주는 한 줄기의 빛과 같다. 그러니 두려워하지 말자. 서운할 만했고 얘기해도 괜찮다.

7

멈출 수 있어야 나아갈 수도 있다

피로에 대하여

평범한 날이었다. 삼시 세끼 밥을 차리고 치우고 설거지를 하는 일, 그 사이사이 아이의 요청을 들어주고 때론 혼을 내고 때로는 무심하게 외면하는 일 같은 것 말이다. 관점에 따라 아주 쉬운 일일 수도 있고 어려울 수도 있는 그런 일상을 보내고 있었다. 그리고 마지막 저녁 설거지를 하며 무거운 압력밥솥을 들었을 때 눈물이 왈칵 쏟아졌다. 아, 피로하다. 밥을 먹고 나와 너를 돌보는 모든 일들은 결국 끝없는 노동을 통해서만 가능하다니!

맨몸으로 세상에 내던져진 인간에게 노력 없이 주어지는 건 그야말로 아무것도 없다. 그러니 육체적인 피로는 잘 살고 있다는 의미이기도 하다. 문제는 정신적 피로에 짓눌릴 때다. 우리는 언제 피로와 권태를 느끼는가.

나는 로봇이 아닙니다

입사 15년차에 접어든 정아 씨는 최근 부쩍 아침에 일어나는 것이 힘들다. 몸이 무겁고 머리가 잘 돌아가지 않는 기분. '출근할 시간이지'란 생각으로 침대 끝에 일어나 앉지만 또다시 눕고 결국 지각하는 일의 반복이다. 일어나서 씻어야 할 시간이라는 걸 너무 잘 알지만 몸이 움직여 주질 않으니 오늘도 아쉬운 소리를 해가며 후배들이 다 보는 앞에서 부장의 꾸지람을 듣고 자리에 앉는다.

정아 씨는 한 부서에서 10년 넘게 같은 일을 하고 있다. 바르고 성실한 사람으로 일도 잘 해내지만 후배들을 챙기는 일, 잘못된 관행을 바로잡는 일에도 몸을 사리지 않아 관계도 원만한 편이었다. 동시에 스스로를 잘 드러내지 않으니 좋은 사람이라고 소문날 일은 없었다. 그렇게 묵묵히 자신의 역할을 해 오던 정아 씨가 지각 대장이 된 것이다. 무언가 이유가 있을 텐데 스스로도 그 이유를 알 수 없었다. 반복되는 지각으로 인한 자괴감만 쌓여갔다. 그리고 어느 퇴근길, 버스 창밖을 바라보던 그녀는 자신도 모르게 중얼거리고 있었다.

'아 정말 쉬고 싶다.'

정아 씨는 지쳤다. 일할 땐 기계처럼 정확하게, 관계에선 온갖 궂은일을 도맡아 해 왔던 그녀였다. 15년의 세월이 순탄하기만 했을 리 없었고 결정적으로 그는 기계가 아닌 인간이었다. 기계라도 충전이 필요한데, 잘하는 만큼 요구만 늘어가는 회사에서 몸과 마음을 한계치 이상으로 쓰고 말았다. 그에겐 휴식이 절실히 필요했다. 정당한 보상이 주어져야 했다. 혹은 스스로가 완벽할 수 없음을 인정해야 했다.

피로는 인간의 불완전함을 알려주는 신호다. 잠시 멈춰서 '왜 지금 이 순간 무너지는지', '왜 그토록 노력하며 살아왔는지'를 돌아볼 필요가 있다고 말한다. 정아 씨에게 느껴지는 피로감은 '잠시 멈추라'는 메시지였다.

혼자서는 심심해

고등학교 졸업 후 성인이 된 동철 씨는 최근 무기력한 시간을 보내고 있다. 또래보다 일찍 사회생활을 시작해 자부심이 컸던 그였다. 대학 진학을 거부한 일로 의절할 뻔했던 부모님도 더 이상 그에게 뭐라고 하지 않았다. 기술을 배워 취직한

지 벌써 3년. 주변 사람들은 어린 나이에 자기 삶을 잘 꾸려가는 동철 씨를 칭찬했다. 그러나 그는 한순간, 뭔지 모를 감정에 휩싸여 의욕을 잃고 말았다.

우연히 고등학교 동창의 SNS를 보게 된 날이었을 것이다. 정확히는 직장 동료와 함께 있는 친구의 여행 사진을 발견했을 때 순간 울적해졌다. 조금 외로워졌다. 그렇게 밤이 새도록 여러 SNS 계정들의 사진들을 확인하다 동철 씨는 지쳐 잠이 들었다. 그날 이후 삶이 무료하게 느껴졌다. 일하고 돈 벌고 적당히 거리를 유지하는 지인들을 만나 술을 마시는 하루하루가 지겨워졌다. 그보다 나이가 많은 사람들과 어울리는 탓에 특별대우를 받는 것도 달갑지 않았다. 나이에 맞는 데이트나 취미생활을 하고 싶었다. 가진 것이 많아져 더 소심해지고, 그래서 더 앞으로 나아가지 못하는 스스로가 한심했다.

피로와 권태를 느끼며 무기력해진 동철 씨에게 좌절된 것은 무엇일까? 그가 경제적 안정과 성공을 위해 포기했던 것은 무엇인가? 자기계발로 빽빽하게 채워진 동철 씨의 삶에 잉여의 시간이란 없었다. 추억할 만한 재미있는 경험들을 포기해야 했다. 쓸데없다고 생각했던 젊은 날의 방황이 뒤늦게 아쉬웠다. 한 번쯤 캠퍼스의 낭만을 즐겨보고 싶었고 미숙한 생각을 함께 나눌 동기들이 없었다는 사실이 아쉬웠다.

지금 동철 씨가 느끼는 감정은 계속해서 성장해야 한다는 압박 없이, 경제적인 가치로 환산되는 성취 없이, 같은 세대를 살아가는 친구들과 즐거움을 나누며, 삶의 활력을 찾고 싶다는 신호였다.

자유롭게 훨훨 날고 싶어요

오늘도 받지 않을 전화벨 소리가 길게 울린다. 선화 씨는 이제 전화번호를 확인하지 않고도 벨소리의 느낌만으로 알 수 있었다. 엄마다.

어려서부터 간섭이 심했던 엄마는 선화 씨와 죽이 잘 맞는 편이었다. 맏이로서의 책임감을 안고 자란 탓에, 선화 씨에게는 엄마가 원하는 것을 들어주고 안심시키는 일이 당연한 의무처럼 여겨졌다. 학창 시절엔 엄마의 말을 따라 열심히 공부해 좋은 대학에 진학했고, 그 뒤엔 취업에 성공해 독립을 이루었다. 그리고 이제, 좋은 남편감을 골라 결혼을 해야 한다는 엄마의 말에 선화 씨는 그만 질리고 말았다. 어떻게 말해도 소용없고 끝이 없는 엄마의 통제 욕구는 그녀를 점점 숨 막히게 만들었다. 게다가 최근, 선화 씨는 일에서 자신감을 잃고 회사에 믿을 사람이 없다고 느끼면서 한없이 작아지고 있는 터였다. 적응하지 못할 것 같은 압박감에 잠 못 이루는 날도 있었다. '이런 상황을 엄마가 알면 어떻게 될까?' 생각만으로도 두렵고 또 갑갑했다.

돌아보면 선화 씨는 한 번도 그녀가 원하는 삶을 꿈꿔본 적이 없었다. 늘 당연하게 엄마의 충고에 따랐고 그게 옳다고 믿었다. 그러나 이제는 지쳤다. 긴 시간을 인내하며 '성공'을 손에 넣기 위해 고군분투했던 순간들을 떠올리면 숨이 막혔다. 멈추고 싶었다. 이게 정말 나에게 맞는지, 스스로의 가치관에 기대어 옳고 그름을 판단해 보고 싶었다. 무작정 '잘 사는 것'이라 말하는 기준에 구속되지 않고, 과연 잘 사는 것이 무엇인지 고민하며 한 발 한 발 천천히 걸어보고 싶었다.

이런 선화 씨에게 휴대폰 액정 가득한 '엄마'라는 두 글자는 피로감을 안겨주었다. '아, 제발 이제 그만.' 선화 씨의 피로는 온몸과 마음으로 자유를 원한다는 메시지를 담고 있었다.

사는 것만큼 노는 것도 중요하다

피로하면 일단 멈춘다. 몸의 신호를 감지하고 내게 충분한 휴식을 주자. 사는 게 뭐라고 죽을 만큼 나를 도려내고 있는가. 우선은 내 건강을 챙기는 것이 중요하다는 것을 잊지 말자. 성공도 보살핌도 내가 건강하지 못하고서는 아무런 의미가 없다. 열심히 사는 것만큼 중요한 것이 삶 속에서 휴식을 경험하는 것이며 삶을 즐기는 것이고 또 자유롭게 내 생각과 느낌을 펼쳐 나가는 것이다.

관계도 중요하지만 그 이전에 나의 생존이 먼저다. 사랑받고 인정받는 것도 나의 삶을 꽉 채워주고 나를 살게 하는 요인이 되지만, 그 전에 삶을 이어갈 최소한의 힘을 지니고 있어야 하지 않겠는가. 좋은 관계를 유지하는 데 너무 많은 에너지를 쏟고 있어 피로하다면 일단 좀 내려놓자. 내가 지금 전전긍긍하며 살피는 사람들이 내 삶에 어떤 의미가 있는지, 모든 사람을 만족시키느라 정작 소중한 사람과 나 자신을 버려두고 있는 건 아닌지 돌아보자.

만일 성공을 위해 열심히 달리고 있다면, 그러다 지쳐 쓰러질 것 같다면, 시선을 다른 곳으로 돌려보자. 돈과 명예가 다 뭐라고. 이기적으로 성공한 나를 모두가 다 떠난다면 사는 재미는 어디서 느낄 것인가.

소박한 것부터 조금씩 채워보자

피로는 지나치게 달리고 있는 나를 멈추게 하는 유용한 감정이다. 그러니 일단 멈추고, 지친 나를 돌보는 무언가를 조금씩 시도해 보는 거다. 그냥 내키는 만큼 하나씩. 당당히 휴가를 내고 잠을 늘어지게 자거나 몸에 좋은 음식을 먹고 따뜻한 물에 몸을 담가 긴장을 풀어주는 등 즉각적으로 내 감각을 깨우는 것에 나의 시간을 기꺼이 할애하자.

때로는 누군가의 도움이 필요할 수도 있다. 무조건적으로 내 편이 되어주고 나를 위로해 줄 가족이나 친구, 지인에게 도움을 청해 봐도 좋다. 관계가 정신적 피로를 더해 줄 것이라 느껴지면 잠시 연락을 끊고 있어도 괜찮다. 어떤 식으로든 몸과 마음을 충전하는 시간이 꼭 필요하다.

그렇게 충전된 채로 창의적인 일에 도전해 보자. 나의 잠재력을 찾아줄 수 있는 새로운 시도를 하는 것은 삶에 작은 활력을 불어넣어 준다. 하고 싶었지만 지금 당장 중요하지 않다고 미루던 일들, 예를 들면 그림을 배우거나 쓰던 글을 모아 책을 펴내거나 내 방을 예쁘게 꾸미는 일 등을 지금 시작해 보자. '돈 모아서 집을 사야 하니까', '당장 회사 일이 더 중요하니까' 등의 이유로 우선순위에서 밀려 있던 일들을 통해 기분 전환이 된다면 조금씩 새로운 에너지가 생겨난다. 이때 주의할 점이 있다. 완벽하고자 하는 마음을 내려놓는 것이다. 즐겁게 시작해 보는 것이지 또 다른 일이 되어 나를 짓누르면 곤란하다.

지나온 삶을 자책하고 괴로워할 필요는 없다. 그보다 주어진 역할을 완수하느라 애써온 나를 토닥여 주자. '수고가 참 많았다', '얼마나 혼자 힘들었을까', 멈추고 싶은 날도 있었을 텐데'라고. 누가 그토록 오랜 시간을 열심일 수 있었겠는가. 그만큼 대단하고 훌륭한 나에게 선물을 준다고 생각하자. 그리고 내 마음 깊은 곳, 조용히 잠자고 있는 피로의 의미를 들여다보자. 나는 무엇을 위해 내 감각을 마비시킨 채 살아왔는가.

8

감정에도 빨간불이 필요하다

분노에 대하여

'분노 조절 장애'라는 말이 생겨난 이후 더 많은 사람들이 자신의 분노에 두려움을 가지게 됐다. 걷잡을 수 없는 화에 스스로가 잡아먹힐 듯한 상황을 알아차리고 상담실 문을 두드린다. 참 다행스러운 일이다. 그러나, 분노가 만들어내는 파괴적인 결과를 따지기 이전에 꼭 짚고 넘어가야 할 부분이 있다. 모든 감정은 그럴만한 이유가 있다는 것이다. 분노 역시 그럴만한 이유가 있었던 거다. 그리고 그 파괴력만큼이나, 분노의 이유는 한 개인에게 있어 중요하다.

그저 살고 싶을 뿐

희정 씨는 퇴사를 고민 중이다. 자리를 잡아 제법 안정적인 삶을 살게 됐지만, 대출로 집을 사느라 생긴 빚을 갚으려면 그 어느 때보다 직장에 붙어 있어야 하는 시기였다. 그런데 그보다 견디기 힘든 일이 생기고 말았다.

상사의 폭언.

누군가는 그냥 무시해 버리라고 했지만 희정 씨에게는 생각보다 큰 자극이 된다는 게 문제였다. 욱하는 마음을 삼키며 계속 버티기가 힘들었다. 결국, 이왕 그만둘 거 그 전에 말이라도 해 보자는 심정으로 친한 선배에게 고민을 토로하게 되었다. 그러던 중, 상사가 아버지와 매우 닮았다는 사실을 발견했다.

어린 시절 아버지의 폭력을 견디지 못한 희정 씨의 어머니는 집을 떠났다. 어머니에게 버림받은 기억을 떠올리면 여전히 그는 가슴이 서늘해진다. 어머니가 자신을 떠난다는 것도 믿을 수 없는 일이었지만, 술에 취한 아버지와 단둘이 살아가야 한다는 것이 너무나도 무서웠다. 어린아이가 할 수 있는 일이 뭐가 있었을까. 그저 아버지의 심기를 거스르지 않고 숨죽여 살아갈 뿐이었다. 어머니가 떠난 후 아버지의 주사는 더 심해졌다. 늘 긴장한 채로 일상을 보냈던 그는 먹으면 잘 체했고, 그럴 때면 거칠던 아버지도 정성껏 아이를 보살폈다. 폭력과 돌봄이 동시에 이루어지는 상황에서 그는 기묘한 안도감을 느끼며 버틸 수 있었다.

그렇게 성인이 된 희정 씨에게 아버지에 대한 감정은 복잡할 수밖에 없었다. 날 버리지 않고 키워줬으니 고마웠지만, 나이가 들어서도 자기중심적인 사고와 폭언을 일삼는 아버지가 미웠다. 무기력한 삶에서 희정 씨를 일으켜 세웠던 건 '일'이었다. 웬만해선 힘든 게 없는 그는 어떤 일이 주어져도 잘 해냈고, 그에게 주어진 과제를 해결하는 일은 긴장 속에 일상을 보내는 것에 비하면 그저 재밌는 놀이라고 느껴졌다. 분노를 에너지 삼아 열심히 앞으로 나아갔던 건지도 모른다. 그런 그의 앞에 아버지와 닮은 상사가 나타났다.

아버지에 대한 희정 씨의 잠자던 분노는 상사를 통해 깨어났다. 아버지의 태도와 비슷한 모습에 울화가 치밀었다. 그에게 분노는 깊은 상처와 좌절감의 표현이었다. 감히 아버지를 거역하면, 아버지의 화를 그저 받아들이지 않는다면, 생존할 수 없을 거라는 무의식적 위협에서 나온. 그렇다고 회사에서 소란을 피울 수는 없었다. 회사에서 주어지는 성취의 기회들은 그에게 큰 의미가 있기 때문이었다. 희정 씨는 회사를 그만둘 것이 아니라 터져 나온 분노를 잘 살펴야 했다.

화의 근원을 인식하는 것만으로 편안해지는 건 어렵다. 그럼에도 불구하고, 자신의 분노를 타당화함으로써 새로운 힘을 얻을 수 있기에 이 과정은 중요하다. 이를 통해 상사와 당당하게 마주할 용기가 생겨날 수 있다. 적어도, 회사를 충동적으로 그만두거나 혹은 자괴감을 안은 채 하루하루 버티며 그의 수많은 잠재력과 가능성을 포기하는 일은 막을 수 있다. 희정 씨에게 분노는, 나에게도 당당히 맞서 싸울 힘이 있다고, 나를 포기하지 않고 지키며 살아갈 거라고 말하고 있는 감정이었다.

화가 나서 다행이야

그 시절 다은 씨는 자주 멍해졌던 것 같다. '나를 원한다는 건, 나를 사랑한다는 걸 거야'라고 생각하며 지금 이 상황을 어떻게든 이해해 보려고 애썼다. 그러나 늘 마음이 무겁고 초조했다.

학교 축제 날이었다. 동아리 활동에 열심이던 다은 씨는 졸업을 앞두고 심란한 상황이었지만 잠시 주점에 들렀다. 그리고 졸업한 선배인 그를 만났다. 그는 동아리 멤버 중에서도 뭐

하나 빠지는 것 없이 잘 나가는 선배로 유명했다. 다은 씨는 말로만 듣던 그가 오랜만에 학교에 왔다는 것이 반가웠고 우연히 옆자리에 앉게 된 것에 신이 나 이것저것 궁금한 것들을 물었다. 긴장을 풀려고 마신 술이 한잔 두잔 늘어났나 보다. 어느새 술자리는 2차, 3차로 이어졌다. 필름이 끊기고 눈을 떠보니 작은 여관방이었다.

그 후로도 몇 번 다은 씨는 선배와 단둘이 만났고 자연스럽게 술을 한잔 마시고는 근처 모텔로 향했다. 서로 잘 모른 채 만날 때마다 잠자리를 한다는 것이 내키지는 않았지만, 다은 씨는 왠지 사귀는 관계인지 확인하는 게 겁이 나 그대로 끌려다녔다. 그리고 어느 날 용기를 내어 물었다. '나는 당신에게 뭐냐'고. 순간 그의 눈빛은 아주 조금 흔들렸고 이내 가벼운 냉소가 스쳤다. '대체 무슨 소리지?'란 표정으로 어이없이 그녀를 바라볼 때, 아니 무시해 버리는 그 시선에 다은 씨는 소름이 끼쳤다. 그날 처음으로 선배의 손을 뿌리치며 돌아섰다. 짧지 않은 시간 동안 그녀 주위를 맴돌던 감정들이 어떤 힘을 발휘하며 정확한 대상에게 향했다.

상대에게 그저 성적 대상으로 취급되는 동안 다은 씨의

자존감은 바닥을 쳤다. 혼란스러웠지만 누구에게도 말할 수 없어 객관적으로 상황을 파악할 수 없었다. 그간의 상처는 여러 가지 형태로 그녀를 괴롭히고 있었다.

이때 느낀 수치심과 관계에 대한 실망감은 아무 관계에나 자신을 내던져 버리는 양상으로 나타날 수도 있고, 새로운 관계를 위태롭게 만들지도 모른다. 그럼에도 불구하고 감정을 잘 알아차릴 수 있다면, 그 이면의 의미를 깨닫고 스스로를 공감할 수 있다면, 늪에서 빠져나와 새로운 시도에 마음을 열어볼 수 있다.

그러니, 다은 씨가 뒤늦게라도 분노를 알아차린 것은 참 다행스러운 일이었다. 다은 씨의 분노는 한 인간으로서 존중받고 싶다는, 누군가의 성적 대상이 되거나 강한 힘에 억눌려 굴복하지 않겠다는 의지를 담고 있었다.

내 말 좀 들어주세요

어려서부터 순했던 민재는 최근 부모님과 자주 부딪친다. 마침 중학교 2학년이 된 민재에게 주변 사람들은 드디어 중2병이 찾아왔다며 놀렸다. 그러나 그의 반항엔 이유가 있었다.

민재의 아버지는 따뜻하지만 보수적인 사람이었다. 아들을 위하지만 나름의 규칙을 세워두고 웬만해선 타협하지 않았다. 컴퓨터 사용에 관한 것도 마찬가지였다. 친한 친구들과 온라인 게임으로 만나고 싶은 민재는 친구들 무리 중 본인만 참여가 불가능하다는 사실을 받아들이기 어려웠다. 말이라도 꺼내 보고 싶었지만 '컴퓨터'나 '게임'이란 단어만 나와도 정색을 하는 아버지의 반응에 그만 기분이 상했다. 그렇게 말문이 막히는 날이면 아버지의 통제는 더욱 심해졌다. 요즘 애들은 행복한 줄 모르고 제멋대로라며 비난까지 들어야 하니 그저 귀를 막는 것이 최선이었다.

기분에 따라 달라지는 어머니의 규칙도 민재를 힘들게 했다. 좋은 성적표에 세상을 다 가진 것처럼 기뻐하고 시험을 망쳤다고 말을 꺼내면 급격히 우울해지는 모습에 반발심이 들었다. '중요한 건 내가 아니라 내 성적인가'란 생각이 들었다. 시험을 망쳤을 때 기분이 어땠는지, 열심히 하려고 했지만 잠이 들어버린 날, 스스로가 얼마나 한심하게 느껴지고 속상했겠느냐고 물어보는 사람은 아무도 없었다.

아버지는 '맨날 친구랑 놀 생각만 하고 아무 생각이 없지!' 라고 판단했고, 어머니는 절망에 빠져 무엇을 향한 분노인지 알 수 없는 지옥 같은 분위기를 만들었다.

 어쩌면 중2병은 자기주장이 생기기 시작한 청소년의 발
달과정에서 그것이 제대로 표현될 수 없을 때 나타나는 현
상이 아닐까? 민재의 부모는 아들을 하나의 인격체로 존
중하고 그의 목소리를 들을 준비가 되어 있지 않았다. 민
재의 아빠는 자기 나름의 기준으로 아들을 '아무 생각 없
이 놀고 반항하는 중2'로 판단한 채 그 틀 안에서 대화를
이어갔다. 민재의 엄마는 아빠보다 수용적이었지만 진심
으로 아들에게 관심을 갖고 귀 기울이기보다는 자신의 욕
구를 채우는 데 급급했다. 결국 민재의 마음속에는 '나를
알리고 싶다'는 욕구의 좌절에서 비롯된 분노가 쌓였다.
 나를 위한다고 말하는 사람이 정작 내 마음을 들어주지
않을 때 어떤 감정을 느끼게 될까? 존중받지 못한 채 내
입을 틀어막는 상대의 반응에 살기 위한 몸부림처럼 공격
성이 튀어나오는지도 모른다. 민재는 자신의 말을 진심으
로 들어줄 사람이 있을지 궁금했다. 자신에게 좌절된 것
이 무엇인지 물어봐 주기를 바랐고 이에 답하고 싶었다. 그
런 사람은 어디에도 없는 것 같았다. 스스로도 잘 알 수 없

는 복잡한 감정이 분노로, 부모에 대한 저항으로 툭 튀어나
왔다.

화는 나의 무기가 된다

오래된 과거로 거슬러 올라가보자. 분노는 자신의 영역
과 자신의 먹이를 지키도록 돕는 감정이었다. 공격 받았을
때 화내지 못하면 스스로를 방어할 수 없었다. 생존을 위
해서는 분노가 반드시 필요했다. 그러나, 현대에는 직접적
인 생명을 위협하는 공격은 거의 존재하지 않는다. 그럼에
도 불구하고 사람들은 화를 낸다. 표면적으로 생존에는 지
장이 없어보이지만, 무시와 차별이 존재하는 탓에 그 안에
서 죽어가는 영혼을 보호하기 위함이다.

따라서, '분노' 그 자체가 나쁜 건 아니다. 표면적이든 내
면적이든 생명을 지키기 위한 자연스러운 감정이다. 다만,
지금이 정말 위협적인 상황인지, 혹은 어떤 위기에 처한
것인지 돌아볼 필요는 있다. 분노는 때때로 파괴적인 결과
를 가져오기에 조심스레 다루어야 하기 때문이다.

일단 멈춘다

깊이 숨을 들이마시며 감정을 멈춰 세워 보자. 욱하는 감정에 휩싸이면 내가 원하는 것을 정확하게 표현하기 어려워진다. 그러니 나를 위해서라도 일단 멈춘다. 나는 어느 시점에서 화가 났는가. 상대는 누구 혹은 무엇인가. 내가 원하는 것은 무엇이며, 내게 좌절된 것은 무엇인가. 그렇게 정리가 되었다면 표현해 본다. 당신이 한 말과 행동은 어떤 뜻이었냐고 물어도 좋다. 그로 인해 입은 나의 상처에 대해 말하고 난 뒤 사과를 받거나 오해를 풀 수 있으면 참 좋을 것이다.

그러나 대부분의 상황에서 우리는 질러놓고 후회하거나 충분히 화내지 못한 채 혼자 앓게 된다. 이때는 내일이 있어서 참 다행이라고 생각하는 것이 좋다. '과거는 지나갔다. 되돌리는 건 불가능하다. 그러나 삶은 계속된다. 과거의 상처가 나의 모든 생을 집어삼키게 내버려 둘 순 없다'고.

나와 화해한다

강렬한 분노 이면에는 나 자신을 용서하지 못하는 마음

이 함께할 가능성이 크다. 당시 무력하게 피해를 입었던 상황에 대해, 참고 삭이던 시간 동안 스스로를 갉아먹은 것에 대해 등등. 온갖 수치와 굴욕감이 뒤엉켜 우리는 더 크게 분노하게 된다. 그것을 가려 나 자신과 화해하는 작업이 필요하다. '무서웠을 것이다. 충분히 말 못 할 상황이었다. 그때 그 어린 내가 무엇을 할 수 있었겠는가. 그만하면 됐다'고 자신에게 말해 주자.

상처 없는 사람은 없다. 그러나 그 상처를 어떻게 잘 치유하고 앞으로 나아갈지는 지금 이 순간 나의 선택에 달려 있다. 반복되는 분노 발작에서 벗어나고 싶은가. 그렇다면 분노 안의 슬픔과 만나보자. 시간을 들이고 관심을 주어 그 뜨겁고 무서운 감정을 다독이고 안아주자. 화를 품고 살아가느라 애썼다. 이제 그 무거운 마음을 던져 자유롭게 아름다운 너로 살아가기를. 눈을 감고 작은 나를 안아 사랑한다고 말해 보자.

9

완벽하지 않은 것이 더 아름답다

불안에 대하여

대학 때 뒤늦은 사춘기의 반항처럼 휴학하고 혼자 여행을 떠난 적이 있다. 혼자 하는 여행도, 해외여행도 처음인데 돈도 없고 깡도 없는 이십 대 여자라니. 차비를 아끼려고 무작정 걷다가 어둑한 밤에 길을 잃었던 날, 공중전화 박스 안에 갇혀 알 수 없는 언어로 나를 향해 쏘아붙이는 낯선 사람이 제발 돌아가기만을 기다렸던 일, 어쩌다 무임승차가 된 기차 안에서 무시무시한 역장에게 붙잡힐까 봐 화장실에 숨어 몰래 울었던 일 등. 지금 생각해도 아찔하지만 또 뿌듯하고 즐거운 추억들이다.

반면 불안에 휩싸여 무언가를 못 했던 순간은 여전히 아쉬움으로 남는다. 어렵게 찾아간 시골 마을에서 아무것도 해 보지 못한 것, 영어 실력이 들통날까 봐 외국인 친구들을 사귀지 못한 것, 이대로 혼자 남겨질까 봐 후다닥 짐을 싸고 돌아온 일 등. 이처럼 불안은 방어태세를 갖춰 위기를 모면하게도 하지만 때론 우리의 행동을 막아 앞으로 나아가지 못하게 막는다. 이때의 불안은 대개 지나쳐서, 마치 오작동하는 화재경보기처럼 제 역할을 하지 못한 채 시끄럽게 우리를 괴롭히고 삶에 아쉬운 자리를 만들게 된다.

완벽하지 않다면 너는 나쁘다

상섭 씨는 이사를 하면서 완전히 지쳐버렸다. 어려서부터 무언가를 선택하는 데 어려움이 있어 친구들 사이에서 '결정 장애'로 통하는 그였다. 스스로도 부정적인 시나리오에 과하게 매달려 쓸데없는 불안을 키운다는 것을 알고 있었고 그 몹쓸 불안 때문에 애인과도 자주 갈등이 생겨 어떻게든 고치고 싶기도 했다. 그럼에도 불구하고 정작 크고 작은 결정을 제한된 시간 안에 반드시 끝내야 하는 상황에 닥치면, 그 압박감과 잦아들지 않는 불안의 고통이 컸다. 이사를 하면서 불안은 절정에 다다랐고, 결국 짐을 다 옮기고 앓아누운 그는 회사에 하루 더 휴가를 쓰겠다고 문자 메시지를 보냈다.

상섭 씨의 부모님은 모든 일에 완벽을 기하는 성격이었다. 아버지는 직장에서 빈틈없이 일을 처리하기로 유명해 승진이 빨랐다. 어머니 역시 가정주부로서 흠 잡히는 일이 없도록 매사에 정신을 바짝 차렸다. 그러나, 아버지와 어머니 모두 성과의 측면에서는 뛰어났으나 그로 인한 스트레스도 큰 편이었다. 이러한 부모님의 강박적인 태도는 자녀의 실수를 용납하지 않는 경직된 분위기로 연결되었다. 상섭 씨와 부모님과의 대화는 평가와 지적으로 이어졌고, 그 과정에서 상섭 씨의 마음에 새겨진 심판자는 자율성이 중요해진 시점에서도 여전히 그를 옥죄었다. '실수 없이 완벽한 선택을 해야 한다'는 생각이 어떤 선택도 할 수 없게 만들었다.

상섭 씨는 수많은 선택지 앞에서 자주 진이 빠졌고 스스로에게 가혹한 기준을 들이댔다. 이를 주변 사람들에게도 강요하면서 관계마저 망가뜨리는 상황이 반복되고 있었다.

불안은 안전을 지키려는 인간의 기본적 욕구를 반영한다. 위험한 상황에서조차 불안을 느끼지 않으면 무방비상태로 크게 다칠 수 있다. 그게 몸이 되었건 마음이 되었건 치명적이긴 마찬가지다. 그래서 불안이 적당히 높은 사람은 신중하고 일을 책임감 있게 잘 마치며 좋은 평가를 받는다.

그러나 지나친 불안의 이면에는 또 다른 욕구의 좌절이 숨어 있을 가능성이 크다. 자기 자신에 대한 부족한 확신과 믿음이다. 세상은 통제할 수 없는 것투성이지만 그 안에서 해결책을 찾을 수 있을 거라는, 또는 나 하나쯤은 지켜낼 수 있을 거라는 자신감이 없는 것이다. 그러나, 자기 자신을 믿고 내 마음을 따라 자유롭게 행동하고자 하는 욕구는 삶에서 '안전'만큼 중요하다.

상섭 씨는 어려서부터 '자율성'을 박탈당했다. 실수 없이 잘해야 한다는 이유로 실수할 수밖에 없는 아이의 선택을 모두 빼앗는 부모는 아이를 독립적으로 키우는 데 실패한다. 완벽한 선택을 해야 하는 아이는 혼자서는 아무런 선택도 할 수 없는 의존적인 사람으로 자란다. 당연히 부모는 아이를 끝까지 책임질 수 없고 오히려 의존적인 아이를 질책하게 된다. 시행착오를 감수하며 홀로 선택할 수도, 편안하게 누군가를 의존할 수도 없는 아이는, 할 수 있는 한계 내에서 상황을 통제하며 겨우겨우 버틴다.

상섭 씨는 어린 시절에 허용되지 못했던 실수를 이제라도 충분히 저질러야 했다. 삶에는 크고 작은 실수들이 있을 수밖에 없다는 것을, 인간은 실패와 상처를 통해 성장

한다는 것을 인정하고 직면해야 했다. 상섭 씨의 불안은 자율성이 좌절된 자리에서, 스스로를 그리고 세상을 믿고 자신 있게 나아가고 싶다는 마음을 표현하고 있었다.

사랑을 믿지 못하겠어요

헤어지자고 먼저 말한 건 유림 씨였다. 홧김에 한 말이기도 했지만 오랫동안 반복된 패턴에 지치기도 했다. 이제 더 이상 애인의 연락을 기다리며 함께 듣던 노래를 반복 재생하고 싶지 않았다. 이제 더 이상 애인이 좋아하는 음식을 만들어 놓고 식은 국에 가스 불을 켰다 껐다 하는 일은 그만두고 싶었다. 아무렇지 않은 척 눈물을 삼키며 그의 전화를 받는 일을 더는 할 수 없었다. 너무 행복하고 또 너무 외로웠던 그 시간들을 그만둬야 할 때가 된 것이다. 이별을 말했고 애인은 유림을 잡았다. 이렇게 헤어질 수 없다며 우리가 얼마나 사랑하는지 읊었다. 모질게 애인을 뿌리치고 돌아선 건 유림인데 이상하게 종일 차인 기분이 들었다.

만나는 내내 나를 사랑하는 게 맞는지 의심했다. 헤어지면 그 막연한 불안감에서 벗어날 수 있을 줄 알았다. 그러나 헤어져도 마찬가지였다. 그동안 나를 정말 사랑했던 게 맞는지 확인하기 위해 지나간 과거를 들춰야만 했다. 힘들게 관계를 이어갔던 유림은 자신이 가진 모든 것을 포기할 수 있을 만큼 그를 사랑했다. 그런데 그는 아니었을지도 모른다는 생각이 들면 억울하고 화가 났다. 한편, 그 사람도 나를 사랑했을지 모른다는 생각이 들면 바보 같은 이별 선언에 서로를 불행에 빠뜨렸다는 것이 너무나 수치스러웠다.

복잡한 생각과 감정이 하루에도 몇 번씩 유림을 괴롭혔다. 이성을 잃게 되는 어느 날엔 이메일을 보냈다. 답장이 왔을까 혹시 메일이 안 간 것은 아닐까. 그녀의 마음은 불안과 초조함으로 조금씩 타들어만 갔다.

믿지 못한 채로 누군가를 사랑한다는 건 어떤 마음일까? 매번 확인해야만 안심할 수 있는 관계는 사랑일까 아닐까. 두 사람이 똑같은 크기로 동시에 사랑할 순 없다고 해도 어느 한 쪽이 불안해서 앞서가고 불안해서 붙잡고 또 잘해주게 되는 관계를 사랑이라고 하기는 어렵다.

관계에서 느끼는 불안은 그 원인을 찾기가 어렵다. 내 마음 탓인지 상대방의 문제인지, 끊임없이 확인을 바라는 내 마음이 고장난 건지, 믿음을 주지 못하는 상대의 태도가 별난 건지 결론 내리기가 어렵기 때문이다. 그래서 더 복잡해진다. 확실한 건, 사랑을 원하지만 충족되지 않기 때문에 불안해진다는 것뿐이다.

　문제는 또 있다. 이 불안한 심정을 고백하는 게 너무나 어렵다는 것이다. 말하고 나서 편안해질 수 있다면, 혹은 말하고 나서 좌절된 욕구가 충족된다면 부정적인 감정은 사라질 것이다. 그러나 불행히도, 사랑이 충족되지 않은 불안은 표현할수록 커진다. '이런 말에 상대가 떠나지 않을까?' '부담되진 않을까?' 온갖 생각이 머릿속을 어지럽게 채운다. 신뢰가 없는 상대에게 진심을 말하는 것, 즉 믿을 수 없는 상대를 사랑한다는 것은 형벌과도 같다. 끝내도 끝나지 않고 한동안은 그 고통의 굴레 안에서 불안을 견뎌야 한다.

　이러한 관계에서의 불안은 생애 초기에 양육자와 어떤 관계를 맺었는지에 따라 결정된다. 애착의 문제와 직결되는 것이다. 부모와 안정적인 애착 관계를 맺지 못한 사람들, 즉 눈앞에 보이지 않는 부모가 언제 다시 올지 몰라 불안해하며 매달리는 '불안 애착 유형'과 기대하고 상처받은 반복적인 경험들로 무기력해져 부모에게 거리를 두는 '회피 애착 유형'의 사람들은 연인 사이처럼 중요한 관계에서 자신이 부모와 맺고 있는 관계를 되풀이하는 경향이 있다.

이 두 불안정 애착 유형이 짝을 이루면 문제는 더 심각해진다. 다가갈수록 멀어지는 사람과 멀어지면 붙잡고 매달리는 사람이 적정 거리를 유지한 채 만족감을 느끼는 안정적인 관계를 만들기는 어렵다. 싸우고 화해하는 과정에서 때로 격렬한 사랑의 감정을 확인할 수도 있지만, 반복되면 지치고 각자 자신의 취약점을 발견하며 자기혐오에 빠지게 되기 쉽다. 이들에게는 잠시 떨어져서 각자 스스로의 문제를 먼저 돌보는 것이 필요하다. 어느 정도 안정적인 관계 경험을 해 봐야 우리는 쉽지 않은 관계를 해결해 나갈 힘을 얻게 될 수 있다.

사라지는 것들

나이 드신 아버지의 얼굴을 오랜만에 뵙고 온 후로 연식 씨는 자주 불안한 감정에 휩싸였다. 어쩌다 집에서 전화가 오는 날이면 가슴이 두근거렸다. 혹시 아버지에게 무슨 일이 생긴

건 아닌지 조마조마했다. 어느 날엔 악몽도 꿨다. 까만 한복을 입고 꿈에 나타난 아버지는 지친 표정으로 그를 바라보았다. 그 슬픈 눈빛과 마주친 순간 연식은 식은땀을 흘리며 잠에서 깨어났다.

아버지와 사이가 좋았던 적이 있었던가. 연식 씨의 아버지는 바쁘기도 했지만 집에 함께 있을 때도 그와 대화를 나누는 일은 드물었다. 말 없는 아버지의 마음 상태가 지금 어떤지 파악하는 일은 연식의 중요한 임무였다. 적어도 사고가 있기 전까지는 그랬다. 불의의 사고로 어머니를 떠나보낸 연식 씨는 지방 근무를 자원했다. 홀로 된 아버지를 달에 한 번 찾아뵙는 것이 그가 할 수 있는 최대한의 도리였다.

실은 이 모든 결과가 아버지 탓인 것만 같았다. 운전도 서툰 어머니가 갑작스럽게 밤늦은 시각에 차를 몰고 어딘가로 떠났다는 건 무슨 이유였을까. 그날 그렇게 아버지와 다투지 않았다면? 이제껏 아버지의 언어폭력과 무심함을 견디지 못해 어머니는 사고를 가장한 극단적인 선택을 하신 것은 아닐까? 그럼에도 불구하고 연식 씨는 아버지마저 세상을 떠난다고 생각하면 불안한 마음을 주체할 수가 없었다.

실존주의 철학에 기반한 실존주의 심리치료에서는, 우리가 느끼는 불안의 근원은 '죽음에 대한 불안'이라고 말한다. 우리는 어떤 순간에 죽음이 두려운가. 한평생 잘 살았다고 느낄 때일까? 그 반대다. 내 모습 그대로 충분히 행복하다고 현재를 수용할 수 있다면 언제 죽어도 여한이 없는 마음 상태일 수 있다. 앞으로 책임져야 할 일들에 대해 걱정하고 아쉬워할 수는 있겠지만, 아쉬움과 불안은 분명 결이 다르다. 그렇다면 죽음에 대해 지나치게 두려워하는 사람, 즉 평소에 안전하지 않을까 봐 노심초사하며 긴장을 많이 하는 사람들에게는 삶에 대한 어떤 한이 남아 있다고 볼 수 있지 않을까?

연식 씨는 아버지에 대한 복잡한 감정을 억압하고 있었다. 오랫동안 가족은 안중에 없이 이기적으로 사는 듯한 아버지에게 화가 났다. 아들로서 존중받고 사랑받지 못했다는 생각에 서럽기도 했다. 사랑하는 어머니마저 잃고 난 그의 상실감은 아버지에 대한 원망으로 이어져 감당하기 힘들었고 결국 멀리 도망쳐 살게 되었다. 동시에 자신의 아버지이기에 풀어야만 하는 과제들은 짐처럼 남아 있었다. 연식의 마음 깊은 곳에는 아버지에게 사랑받고 싶고 아버지를 이해하고 싶은 마음이 해결되지 않은 삶의 중요한 과제로 남아 있었다.

이런 상황에서 아버지가 떠난다면 연식 씨는 누구에게 이 감정을 토로하고 답을 얻을 수 있겠는가. 연식 씨의 불안은, 안전하지 못한 가정에서 복잡한 감정을 키워온 그가, 해결해야 하는 중요한 문제를 피하고 있다는 것을 알려주고 있었다. 아버지가 세상을 떠나기 전에 마음을 다해 진솔한 소통을 하고 또 애도하라고 말이다.

불안은 언젠가 지나간다

불안은 유독 가만히 머물러 보기 어려운 감정이다. 그 이면에 수많은 감정을 포함하기 때문이다. 때로 불안은 두려움으로 시작되기도 하고 분노로 포장되기도 한다. 통제를 잃은 상태에서 한 발 내디뎌야 한다고 생각하면 공포에 휩싸이기도 할 것이다. 그럼에도 불구하고, 감정은 지나간다. 그러니 불안도 지나가기 마련이다. 불안을 일으키는 것은 결국 미래에 대한 추측에 불과하다. 사실이 아니고 현재도 아니다. 안심이 되는 상황으로 미래를 고정시킬

수는 없다. 운명이라면 그것을 바꿀 수도 없다. 사실, 내 생각과 다른 미래가 크게 나쁘진 않을 수도 있고 돌아보면 그랬던 경우도 많다.

그토록 우리를 떨게 만드는 불안도 그저 감정일뿐이라는 것을 떠올리자. 때로 명상이나 걷기 등으로 마음을 다독이는 것만으로도 불안이 잦아들 수 있다. 그만큼 불안은 다른 감정보다 과장된 것인지도 모른다. 불안에 잡아먹힐 듯 벌벌 떨다가도 그 상황을 조금 지나고 나면 바람 빠진 풍선처럼 가라앉는다. 그렇게 가라앉았을 때 가만히 내 몸과 마음을 바라보는 거다. 차분한 가운데 여전히 나를 자극하는 것이 있다면 그것에 머물러 본다. 풍선 속에 숨어 있던 것이 외로움인가, 과거의 상처로 인한 두려움인가, 혹은 뼛속까지 스민 원망과 한인가.

조금씩 바람을 뺀다

때로는 단지 연습이 부족했다고 생각하면 어떨까? 누구나 처음 하는 일은 불안하기 마련이다. 시행착오를 통해 배운다고 하지만 실패가 두렵지 않은 사람이 없다. 세상

물정 모르는 아기도 본능적으로 두려운 것을 안다. 이처럼, 일단 나의 불안을 수용한다.

과거의 트라우마로 인해 두려움이 커져 만성적인 불안으로 이어졌다는 걸 알았다고 하자. 그렇다면 더더욱 나를 밀어붙여서는 안 된다. 내 불안을 존중해 주고 그럼에도 불구하고 지금까지 잘 견뎌 온 나를 안아 주자. 그리고 이제 다시 처음부터, 손을 잡고 조금씩 시도해 보는 거다. 걸음마를 처음 배우는 아기처럼. 기꺼이 실수하고 학습할 수 있도록 나를 지지해 준다.

얼마 전 '뻣뻣쟁이 요가'라는 유튜브 채널을 구독하게 됐다. 어릴 적 '굳은 몸'이란 별명으로 불린 적도 있었지만 상담자로 일하며 명상도 요가도 꽤 해 본 입장에서 '뻣뻣쟁이'라니! 왠지 좀 자존심이 상해 구독만 하고 실제론 어려운 요가 동작을 시도하는 다른 영상을 주로 보곤 했다. 한동안은 매일 아침 꾸준히 요가를 하며 이렇게 하면 내 몸이 점점 더 유연해지고 마음도 한결 가벼워질 거라고 믿었다. 그러다 굉장히 무기력해지는 시기가 찾아왔고 10분짜리 요가 영상도 따라하기가 버거웠다.

그러던차 마침 일요일마다 뻣뻣쟁이 요가에서 라이브 수업을 한다는 소식에 호기심에 들어가 보았다. 호흡과 함께 그저 숨을 바라보며 편안한 만큼 조금씩 몸을 움직이는 요가였다. 한 시간이 순식간에 지나가는 경험은 신선했다. 기운이 없는 날은 그런 채로 '내 몸에 힘이 없구나'를 알게 되고 그렇게 알아차리는 순간 내 몸이 조금씩 기운을 내는 것 같았다. 마치 우는 아이에게 '울지마'라고 하면 더 울고, '에구구 속상하구나' 하면 점점 울음이 잦아드는 것처럼. 조금씩 천천히 속도를 맞춰 다독이는 일은 생각보다 단순하고 치유적이었다. 그렇게 조금씩 활력이 생긴 것도 반가운 일인데 한 달 이상 꾸준히 그저 숨 쉬듯이 동작을 하다 보니 평소 잘하지 못했던 요가 동작이 완성되는 신기한 경험도 하게 되었다. '조금씩 움직여야 미세한 근육 하나하나를 만져 줄 수 있다'라는 요가 선생님의 말이 떠올랐다. 세심한 움직임이 쌓여 몸속 깊은 곳부터 유연해진 것 같았다.

어쩌면 우리 모두 어떤 면에선 '뻣뻣쟁이'인지도 모르겠다. 어른이 되었다고 모든 면에서 성숙할 순 없다. 그러니 어떤 부분은 여전히 아기인 채로 뻣뻣하게 남아있다고 인정하자. 뻣뻣해서 부러지기 쉬운 그 마음에, 자꾸만 불안해지는 내 마음에 다가가 보자. 그리고 충분히 부드러워질 때까지 천천히, 마음 저 구석부터 변화될 수 있도록 조금씩 움직여 본다.

완벽한 선택이 아니면 내쳐질 것이란 생각이 내 불안의 끝에 있는가. '대강대강 해!'라고 다그치는 것은 내 성향을 부정하고 미워하며 또 한 번 나를 불안하게 만드는 일이다. 오히려 대강하지 못하는 내 마음에 충분히 공감해 주는 것부터 시작하자. 내 마음속에 자리 잡은 심판자가 나를 어떻게 보호하고 있는지(예를 들어, 부모님의 날선 평가를 피하도록 하는 것 등) 알아주고 그 긍정적인 의미에 고마움을 표한다. 수용된 마음은 말랑말랑해져 '이제 더 이상 날 보호해 줄 필요가 없다'는 사실에 귀 기울일 수 있게 된다.

나아가 주변 사람들에게 도움을 청해 볼 수도 있다. 혼자 고민하며 힘겨워하는 대신, 친구와 가족에게 내 고민을 알리고 좀 덜어내 보는 거다. 누군가의 도움을 받는 일은 상대에게 베풀 기회를 주는 것이기도 하다. 나의 부족함은 때로 너의 또 다른 욕구를 충족시켜주고 나아가 너와 내가 연결될 기회가 된다.

한편 관계에 대한 불안으로 반복적인 사랑의 실패를 경험하고 있다면 내 아이 같은 마음을 일단 보듬어 주자. 성인이 되었으나 마음은 아직 엄마의 사랑을 갈망하는 아기라는 걸 인정하고 마음속 아기를 공감하고 토닥이는 시간을 갖는다. 마음에 쌓인 감정의 찌꺼기 때문에 그것들이 불쑥 튀어나와 현재를 뒤죽박죽으로 만들어버릴까 봐 불안하다면, 그 감정의 찌꺼기들을 청소할 수 있도록 상담사를 찾아가 보자. 혼자만의 생각으로 차곡차곡 쌓아둔 마음의 짐들은 그 자체로 불안을 키운다. 아무리 잘 늘어나는 풍선도 한계가 있기 마련이다. 혼자 불면서 터뜨리지 말고 잠시 멈춰서 보자. 풍선의 입구를 적당한 강도로 잡아 조금씩 바람을 빼 줄 누군가가 필요할 수 있다. 뻣뻣했던 몸이 요가 선생님의 지도로 조금씩 유연해지는 것처럼 말이다.

흔들려도 괜찮다

불안이 큰 사람들, 특히 대인관계에서 불안한 이들은 평소에 생각을 겉으로 표현하지 않는 경향이 있다. 상대를 믿을 수 없다는 데서 꼬리를 물고 올라오는 복잡한 생각들로 말문이 막히는 것이다. 이들에게는 상담사를 만나 자기 마음의 이야기를 꺼내는 것 자체가 신선한 자극이 된다.

처음엔 무엇을 말해야 할지 난감하고 상담자의 눈치를 살필 수도 있고 평가의 대상이 될까 봐 두려울 수도 있다. 그래서 때론 '불안해서 말을 못 하겠다'는 말부터 시작해야 할 수도 있다. 그것은 결코 잘못되거나 나쁜 것이 아니다. 그럼에도 불구하고 무언가를 말하고 싶고 자신을 알고 싶어 상담실에 찾아온 것이 대단한 일이다. 불안한 채로 그 험난한 과정을 지나 여기까지 온 것 또한.

그렇게 충분히 불안한 자신을 표현하고 나면 불안은 잦아든다. 불안도 '수용'이라는 큰 품 안에서는 어쩔 수 없이 꼬리를 내리고 말기 때문이다. 결국 다투지 말고 애쓰지 않으며 그저 바라보고 인정하는 것, 그것이 답인지도 모르겠다. 그러고 보면, 너무 목석같은 존재는 매력이 없다. 화병에 꽂혀 조화처럼 보이는 단정한 꽃보다 바람에 흔들리는 코스모스가 더 아름다운 것처럼. 불안할 수 있고 흔들릴 수 있는 인간이라 더 매력적이다. 그러니 더욱더, 애써 불안하지 말라고 다그칠 필요가 없다.

10

가끔은 혼자가 되어 나를 돌봐야 한다

쓸쓸함에 대하여

'외롭다'는 말로는 충분치 않은 외로움이 있다면, 그것이 바로 '쓸쓸함'이다. 외롭다고 하기보다 '고독하다'는 말이 더 적절할 수도 있다. 외로움과 달리 고독감은, 욕구가 좌절되었다기보다는 충족된 긍정적인 감정이다. 혼자이기를 스스로 선택한 이들은 외롭지 않고 고독하다.

이때 쓸쓸함을 외로움과 고독감 사이의 어딘가에 있는, 회한이 섞인 우울한 고독이라고 하면 어떨까? 으스스하고 음산한 날씨 역시 '쓸쓸하다'고 표현하는 것처럼. 고독은 선택이지만 쓸쓸함은 스산한 바람처럼 우리에게 다가온다.

눈물 한 방울이 툭 하고 떨어질 수도 있고 그냥 담담히 일상으로 눈길을 돌려 쓸쓸함을 회피한 채 살아갈 수도 있다. 조용한 위기의 순간을 우리는 어떻게 수용하며 앞으로 나아갈 것인가.

생의 한가운데에서

'띠링~' 아침부터 메시지 도착을 알리는 소리가 연달아 들린다. 연정 씨의 마흔다섯 번째 생일이다. 애물단지 스마트폰은 생일만 되면 요란하다. 이전과 달라진 점이 있다면 발신자가 누구냐는 것. 연정 씨는 잠결에 휴대폰을 들고 미용실, 화장품 회사, 네일샵에서 온 문자를 확인한다. 그중에 오랜 친구가 보낸 커피 모바일 상품권과 기분 좋은 이모티콘도 하나 섞여 있는 걸 보니 왠지 좀 안심이 된다. 아침 일찍 내 생일 챙겨 주는 친구도 있으니 그래도 잘 살았나 싶다. 덕분에 힘을 내 일어난 연정 씨는 서둘러 아침밥을 챙겨 아이를 깨운다. 사춘기에 접어든 아들의 짜증 섞인 아침 인사를 듣는 일은 이제 너무 익숙해서 서운하지도 않다. 그래도 현관문 앞에선 '엄마 생일 축하해'도 할 줄 아는 다정한 아들이 얼마나 귀한지. 그렇게 바쁜 아침을 보내고 커피 한 잔을 내리며 라디오를 듣는데 연정 씨는 그만 울컥하고 말았다.

라흐마니노프 피아노 콘체르토 2번. 피아노 위로 플루트 그리고 클라리넷이 조심스럽게 포개진다. 좋아하는 가수가 언젠가 라디오 방송에서 불렀던 팝송에 쓰이기도 했던 부분이다. 그래서일까. 온 마음을 다해 사랑하고 이별했던 젊은 시절이 아득하게 스친다. 무언가 소중한 것을 잃고 돌아서던 날, 붙잡고 있던 미련들을 내려놓고 천천히, 홀로 걸으며 마음을 다독이던 그때가 떠올라 가슴이 아팠다. 피아노와 관악기가 차례로 손을 잡는 이 아름다운 연주처럼, 너와 나의 삶은 끝없이 이어지는 것이 아닐까. 삶의 어느 시점에서 포개어 졌다 멀어진, 그 시간들을 당신도 기억하고 있을까. 지금 이 순간 나의 삶은 잘 가고 있는 걸까. 연정 씨는 쓸쓸한 감정에 무너지지 않으려고 따뜻하게 데워진 커피잔을 꼭 잡았다.

분석심리학자 칼 G. 융이 말하는 자기실현의 과정은 각 개인의 고유한 성향을 존중하는 것에서부터 시작된다. 개인은 고유의 특성을 갖고 있기 때문에 어떤 성격이 더 좋고 더 나쁘다고 판단할 수 없다. 그리고 이러한 각기 다른 특성들은 중년이 되면서 통합을 이룬다. 외향적인 사람에게서는 내향적인 면이 발견되고, 내향적인 사람에게서는 외향적인 면이 발견되는 식이다.

이때 소위 '중년의 위기'가 찾아온다. 중년의 위기란, 이전의 나와 다른 면을 수용하는 과정에서 생기는 부정적인 감정이라고 볼 수 있다. 사교적이고 활동적이던 남성은 나이가 들면서 고요한 시간을 즐기게 되는데, 매사 적극적이던 성향이 소극적으로 변하면 위축된 자신을 탓하게 될 수도 있다. 이처럼 혼자만의 시간 동안 이런저런 부정적인 생각에 빠져 우울해질 수도 있고, 편하지만 낯선 상황에 허전함을 느낄 수도 있다. 에너지가 넘치던 젊은 시절을 돌아보며 상실감을, 후회와 아쉬움을 느끼게 될 수도 있다. 혹은 뒤늦게 찾아온 열정으로 많은 일들을 벌이고, 힘에 부칠 때마다 물리적인 나이를 확인하며 슬퍼질 수도 있다. 이처럼 중년에 접어든 새로운 나는 그간 당연했던 많은 것들을 상실하며 애도의 시간을 마주하게 된다.

마흔 중반의 생일날 울컥했던 연정 씨는 소중한 것을 위해 기꺼이 잃을 수밖에 없었던 많은 기회들을 애도하는 중이다. 어떤 사람도 한 생애에서 모든 것을 이룰 수는 없다. 산다는 건, 수많은 기회들 중 어떤 것을 선택하고 나의 선택에 대해 책임을 지는 일이다. 결혼을 하고 아이를 낳으면 미혼일 때의 자유를 포기하고 기혼자로서의 의무를 따라 또 다른 삶의 보람을 취하게 된다. 그럼에도 불구하고 우리는 자주 그립고 또 아쉽다. 연정 씨의 쓸쓸함은 잃었던 다른 생에 대한 애도이며 스스로 선택한 것에서 의미를 찾고 싶은 갈망이다.

고통이 나를 집어삼킬 때

올해는 꼭 시험에 합격해야 했다. 준비 과정이 쉽지는 않았지만 어느 해보다 집중이 잘 됐고 자신감도 있었다. 무엇보다 이제 더 이상 독립을 미룰 수 없었다. 그러나, 아쉽게도 기연 씨는 공무원 시험에 탈락했고, 한동안 우울했다. 앞으로 살아갈 일이 막막했다. 그러던 와중, 한 기업에서 긴급 채용 공지가 떴다. 뭐라도 해야겠다는 마음에 서둘러 이력서를 제출했다. 면접 자리에서 기연 씨는 누구보다 당당하고 의욕 넘치는 실력자였다. 그렇게 생각지도 못한 일자리를 얻어 가족에게서 벗어난 후 한동안 힘든 줄도 모르고 새로운 직장에 적응해 나갔다. 그렇게 석 달이 지난 후, 유난히 쌀쌀한 퇴근길에 기연 씨는 가슴이 서늘해지는 것을 느꼈다. 온기 없는 원룸 오피스텔의 문을 여는데 그 외롭고 적막한, 쓸쓸한 공기가 그녀를 덮쳐왔다.

기연 씨가 유년 시절을 보낸 곳은 해가 들지 않는 반지하방이었다. 다섯 가족이 함께 살기엔 너무 좁았고 공간을 사이좋게 나눠 쓰기에 마음의 거리는 너무 멀었다. 결국 원치 않게 포개진 마음들 위로 매일같이 불꽃이 튀었다. 어둡고 무표정한 풍경이 기본값이라면 때때로 전쟁터였던 그 공간에서 기연 씨는 늘 탈출을 꿈꿨다. 그리고 드디어 소원을 이뤘다. 그런데 공간이 바뀌었음에도 불구하고 기억은 그대로인 날들이 찾아왔다. 여전히 시끄러운 마음의 소리를 홀로 견뎌야만 하는 기연 씨는 자주 쓸쓸함을 느꼈다. 그녀의 쓸쓸함은 진정한 평화와 안정을 찾기 위해 누군가의 도움이 필요하다는 신호와도 같았다.

때로 우리는 함께 나눌 수 없어 외로워진다. 혼자 알고 있는 것은 대개 어둡고 우울하기 마련이다. 그 어두운 장막의 느낌이 바로 쓸쓸함과 닮았다. 그래서, 상담을 받으러 온 많은 내담자들이 과거에 잘못했던 일을 이야기하곤 오히려 마음이 밝아지는 기분이라고 말한다. 어린 시절 누군가에게 상처 준 일을 고백하기까지 얼마나 오랜 시간이 걸렸는지, 그동안 홀로 진 마음의 짐이 얼마나 무거웠는지를 말하며 눈물을 흘리기도 한다.

그렇게 내가 저지른 실수도 직면하기 어려운데 과거의

큰 트라우마를 홀로 감당하는 건 얼마나 큰 고통일까? 이때 느끼는 쓸쓸한 감정은 더더욱 힘들게 느껴져 회피하고 싶을지도 모른다. 술이나 담배 등으로 불편한 감정을 희석시키거나 친구를 불러 공허한 잡담으로 시간을 채워버리고 싶을 수도 있다. 회사 일에 매달리거나 그 안에서의 불만을 토로하며 깨어 있는 많은 시간을 업무로 바꿔놓을 수도 있다. 그렇지만, 그럼에도 불구하고 우리는 그 고통 속으로 뚜벅뚜벅 걸어가야만 한다. 그래야 생의 다음 장면으로 넘어갈 수 있기에. 기연 씨는 독립을 위해 홀로 애썼고 잘 해냈다. 그리고 이제 과거의 상처를 누군가와 나누며 진정한 평화를 얻을 때다.

남들처럼 살기 위해 달렸다

막내아들이 대학에 합격해 학교 근처로 이사한 날, 승혁 씨는 난생처음 눈물을 흘렸다. 평범한 회사원으로 아들 셋을 키우는 일이 쉽지 않았지만 왜 이제와서 무너지는 걸까. 누가 볼까 겁이 나 눈물을 훔치고 돌아서는데 좀 전까지 주방에 있던 아내가 보이지 않았다. 식탁 위에 놓인 휴대폰 화면에 '저녁

약속 있어서 나가'라는 아내의 메시지가 반짝거렸다. 승혁 씨는 아내와 마지막으로 단둘이 앉아 밥을 먹었던 날을 떠올리려 애썼다. 늘 누군가, 대체로는 막내가 항상 그들과 함께 있었다. 아내의 메시지에 답장을 보내며 승혁 씨는 안심이 되고 또 쓸쓸하다.

30년 전 대기업에 입사한 승혁 씨가 아내를 만난 건 첫사랑과 헤어진 지 한 달쯤 지난 어느 날이었다. 회사가 한창 바쁜 시기였던 터라 슬퍼할 새 없이 정신없는 일상을 보내고 있었다. 그렇지만 괜찮을 리 없었다. 패기 넘치던 그가 얼이 빠져 다니는 걸 안타깝게 보던 부장이 중매를 섰고, 그는 상사의 지시를 거절할 수 없었다. 그렇게 만난 아내와 어쩌다 결혼까지 한 건지도 모른 채 25년이 흘렀다. 그 긴 세월 동안 승혁 씨는 첫사랑을 잊지 못했다. 매년 봄이 되고 목련꽃이 필 즈음이면, 가슴이 답답하고 불면증에 시달렸다.

식탁 앞에 앉은 승혁 씨는 휴대폰을 들고 저장된 연락처들을 훑어보지만 딱히 전화할 이름은 눈에 띄지 않았다. 찬장 안에는 그가 좋아하는 라면이 가지런히 놓여있었다. 작은 냄비에 물을 끓이고 라면 봉지를 꺼내 드는 승혁 씨는 문득 아내에게 미안한 마음이 들었다. 언제부터 그렇게 싸늘해졌을까. 곁을 내어주지 않은 건 그였으니 원망할 수도 없었다. 그러면서도 가족들에게 미안한 이상으로 스스로에게 미안했다. 무엇을 위해 그 모든 소중한 인연을 끊고 여기까지 달려왔던 걸까.

가족 안에서 각자의 책임을 다하는 일은 중요하다. 부모의 책임을 다하지 못한 채 아이들에게 짐을 지운다면 그만큼 미안한 일이 없다. 그러니 책임감 있게 아버지 혹은 어머니의 역할을 하고 부부간에 서로를 존중하는 일은 중요하다. 그러나 책임만으로 유지되는 관계는 쓸쓸하다. 진심이 빠진 배려는 고맙지 않고, 사랑 없는 존중은 상대를 외롭게 만든다. 차라리 이혼하고 각자가 맡은 역할에 진심을 다하는 것이 나은지도 모른다.

승혁 씨는 마음속에 다른 사람을 품고 있다는 죄책감 때문에 주어진 책임과 의무에 매달리며 스스로를 혹사시켜왔다. 이미 오랜 세월 동안 감정과 행동이 따로 작동했던 그는 내면에서조차 자신을 소외시키며 살았다. 자기와의 연결도 안 되는데 대체 누구와 진실한 관계를 맺고 사랑을 키워갈 수 있었겠는가. 이제 더 이상 책임져야 할 것이 없어진 승혁 씨는 세상에 혼자 남겨졌다는 사실에 직면해야만 했다. 아이들도 아내도 없는 빈집에서 그가 느끼는 쓸쓸함은 누구라도 곁에 있어 주기를, 현실에서의 누군가와 연결을 확인하고 싶고 소통하고 싶다는 메시지를 전하고 있었다.

의미 없는 일에 열정을 바친다

'지금까지 내가 잘 살아 왔는가', '나의 선택이 어떤 의미인가'로 고민하고 있다면, 혹시 그간 삶의 어떤 목표를 위해 그 순간의 욕구를 너무 억압했던 건 아닌지 돌아보자. 만약 그렇다면, 그저 사소하고 의미 없는 목표를 세워보는 거다. 그것은 피아노 학원에 등록해 베토벤의 비창을 완주하는 것일 수도 있고 매일 아침 요가 수련을 하겠다는 다짐일 수도 있다.

때론 의미 없어 보이는 일이 우리의 삶을 특별하게 만든다. 중년의 나이에 피아노를 배운다는 건 얼마나 멋진 일인가. 하루 한 시간, 피아노를 친구 삼아 어리고 서툰 아이가 되어보는 경험은 얼마나 신선한가. 혹은 새로운 언어를 배워보는 건 어떨까. 보사노바를 좋아했던 젊은 시절을 떠올리며 기초 포르투갈어책을 사보는 것. 당장 유학을 위해 공부하는 것도 아니니 큰돈 들여 무리하게 학원을 찾을 필요도 없다. 그저 책을 한 권 사서 처음 언어를 배우는 아기처럼 한 자 한 자 발음해 본다. 운이 좋아 생각보다 빨리 습득하게 된다면 그 아름다운 노래가 얼마나 아기자기한 가사로 이루어진 것인지, 혹은 구구절절 슬픈 이야기였구나 탄식하며 눈물을 훔치게 될지도 모를 일이다.

어쩌면 쓸쓸함은 세상의 가치에 따라 '해야만 한다'는 것에 매달려 나 자신의 필요를 외면한 결과인지도 모른다. '엄마니까 장녀 혹은 장남이니까'로 삶이 온통 의무가 될 때, '결혼적령기'나 '내 집 마련'의 구호 아래 남들이 하는 대로 따르지 않으면 도태될 것 같은 기분으로 등 떠밀리듯 무언가를 선택해야 할 때 우리는 쉽게 지친다. 몸은 지치고 마음은 텅 빈 듯 서늘해질 때 무용한 것에 매달리는 행위는 삶에 활력을 준다.

가을바람에 떨어지는 낙엽을 주워 책갈피에 고이 모셔두는 것처럼, 쓰러지는 나를 귀하게 여겨 보살피는 일. 미뤄두었던 나의 즐거움을 일깨우고 그것이 하찮게 지나가지 않도록 기꺼이 시간을 내어주는 일로 쓸쓸함을 달래 보자.

순수한 행복감으로 마음이 충만해질 때, 우리는 좀 더 느긋해지고 자연스럽게 주어진 책임과 의무를 다하게 된다.

서로의 밤이 되어 준다

누군가는 아기를 낳고 키우면서 어린 시절의 아픔을 치유한다고 한다. 늘 부모님의 사랑이 고팠던 어른은 아이와 충분한 사랑을 나누며 두 번째의 성장을 꾀하게 된다. 동물도 마찬가지다. 살아있는 생명의 부드러운 털을 만지며 그들과 교류하고 사랑을 나눌 수 있다면, 마음속에 스민 과거의 상처들이 조금씩 아물어 갈 수 있다.

어느 날 주차장 구석에서 쓸쓸하게 앉아 있는 고양이를 발견한다면 말을 걸어보자. '너도 쓸쓸하니?'라고. 어떤 교감을 느낄 수 있게 된다면, 고양이 알레르기가 없다면, 과감하게 고양이 보호소를 찾아보자. 상처받은 수많은 고양이가 가족을 찾고 있는 그곳에서, 비슷한 아픔을 함께 치유할 수 있는 귀한 상대를 만날 수도 있다.

당연한 일이지만, 한 생명을 기르는 일은 막중한 책임감을 안고 시작해야 한다. 그 책임의 무게만큼 깊이 소통하는 경험은 서로의 아픔을 어루만져 줄 수 있을 것이다. 짐작건대, 버려진 고양이들은 과거의 트라우마와 싸우는 나만큼이나 외롭고 쓸쓸할 테다.

오직 나만을 위한 일

과거 가부장적인 한국 사회에서는 남편은 돈을 벌고 아내는 집안일을 하며 식구를 먹여 살렸다. 그렇게 바깥일만 주구장장 해 왔던 남편은 아내가 없이는 밥 한 끼 직접 해 먹지 못하는 신세가 된다. 그러나, 내게 밥을 먹이는 일은 나를 챙기는 가장 기본적인 일이다. 그런 의미에서 밥을 지을 줄 아는 것은 중요하다.

세상에 나 혼자인 것처럼 쓸쓸함을 느낀다면, 대강 라면으로 끼니를 때우지 말 일이다. 나를 위한 따뜻한 밥 한 끼를 맛있게 차려 먹으면, 든든한 만큼 충만해지고 에너지가 생기게 된다. 내 안에서 스스로를 소외시켜 온 시간을 되돌리고 싶다면 요리부터 배워보자. 거창할 필요는 없다. 그저 내가 좋아하는 된장찌개를 맛있게 끓일 수 있으면 그걸로 충분하다.

예쁜 그릇에 밥과 국을 따로 담고 반찬도 몇 가지 챙기고. 이왕이면 잔잔한 음악도 틀어놓고 꼭꼭 씹어서 천천히 먹는다. 그리고 내 몸 안에 들어온 밥 한 톨, 채소 한 조각이 어떻게 자라 나와 만나게 되었는지 상상해 본다. 몸속 깊이 소화되어 나를 건강하게 만들어 줄 음식들에 고마운 마음이 생기는가? 건강과 행복은 나 혼자의 힘으로는 불가능하다. 각자의 자리에서 최선을 다한 자연과 사람들의 정성이 우리를 살게 하는 것이다. 그렇게 감사의 마음이 자라 마음이 넓어진다면, 떠나려는 가족들의 마음도 붙잡을 수 있지 않을까.

폴란드의 사회학자 지그문트 바우만은 그의 저서 《고독을 잃어버린 시간》에서 경고한다. 외로움으로부터 도망치느라 고독의 기회를 놓치게 되면, 무언가에 생각을 집중해 신중해지고 반성하고 창조하게 되는 것을 놓치는 것이며 이것은 서로간에 의미 있는 의사소통을 하게 될 기회를 놓치는 거라고. 고독의 맛을 음미해보아야 우리가 잃은 것이 무엇인지 알 수 있을 것이라고 말이다. 외로움과 쓸쓸함, 고독 모두, 사회 속에서 살아갈 수밖에 없는 인간에게 숙

명처럼 다가오는 감정이 아닐까? 그 어떤 감정보다 중요한, 우리의 필요를 알려 줄 신호인지도 모르겠다. 피할 수도 없고 피하려 애쓸수록 결핍은 더욱 커진다.

피할 수 없다면 한껏 즐겨보자. 삶이 문득 허무하게 느껴지는 날이 있다. 쓸쓸한 감정을 들키고 싶지 않아 어딘가 꼭꼭 숨어 혼자 울고 싶은 날도 있다. 때론 겉멋이 잔뜩 든 사람처럼 낙엽을 밟으며 우수에 젖고 싶은 날도 있다. 그런 날들이 모여 멋진 음악과 영화, 이야기들이 만들어진다. 의미 없는 것들이 모여 의미를 만들어 가는 일이 삶의 진정한 매력이 아닐까 싶다. 그러니 가끔은 쓸쓸해도 좋다.

11

도망쳐서 도착한 곳에 낙원은 없다

죄책감에 대하여

쉽게, 때론 아주 어렵게 직면하는 감정이 바로 미안한 마음, '죄책감'이다. 어떤 사람은 뭐가 그리 미안한지 '죄송합니다'라는 말을 달고 살고, 어떤 사람은 왜 그토록 뻣뻣하게 구는지 '미안하다'는 말을 아낀다. 어쩌면 쉽게 말하거나 혹은 말하기 자체를 거부하는 것 모두 그 미안함의 무게를 외면하고 싶은 것은 아닐까? 이토록 죄책감은, '나의 책임을 인정한다'고 말하는 묵직한 감정이다.

태어날 때부터 나의 잘못이 아닌 것에 죄책감을 느끼며 살아 왔다면 그것을 거둘 필요가 있고, 마땅히 반성하고 변해야 할 부분을 외면한 채 살고 있다면 진실한 삶을 살지 못한 데서 오는 허무함을 피할 수 없음을 받아들여야 한다. 그리고, 그것은 누구보다도 나 자신에게 미안한 일임을 알아야 한다. 도대체 왜 우리는 평생 부당한 죄책감에 시달리거나 나의 죄를 인정하지 않고 회피한 채 허망한 삶을 유지하게 되는가.

용서받을 수 있을까

어느새 입사한 지 1년이 지났다. 처음엔 그저 열심히 달렸다. 크고 작은 턱에 부딪혔고 그때마다 잘 넘어가기도 했다. 그럼에도 불구하고 너무 힘들고 버거운 어느 날, 팀장에게 아프다고 문자 메시지를 보낸 뒤 휴대폰의 전원을 꺼버렸다. 다음날 미선 씨는 인사팀에 불려갔다. 그것까진 괜찮았다. 누구보다 열심히 일했기에 당당한 마음이 컸으니까. 문제는 외면하는 동료들을 마주하는 일이었다. 팀원들은 그녀의 고생을 알았지만 아무도 다가와 위로해 주지 않았다. 어떤 감정이 턱까지 차올랐지만 그게 뭔지 명확히 알 수 없었다. 야속하고 서운한 마음 뒤에 따라붙는 무거운 감정이 미선 씨를 짓눌렀다.

최근에 미선 씨는 악몽을 자주 꾼다. 꿈속에서 중학생인 그녀는 어리둥절한 표정으로 무리 안에 섞여 있다. 무리 안의 다른 친구들이 차례를 기다리며 한 친구를 괴롭히는 중이다. 미선 씨는 마치 벙어리가 된 것처럼 말이 없다. 한때 그녀가 의지했지만 지금은 공개 처형을 당하고 있는 저 아이를 그저 바라보고만 있다. 이윽고 미선 씨의 차례가 돌아온다. 그녀는 명한 표정을 거두고 누구보다 살벌하게 한 마디를 내뱉는다. 상황은 점점 안 좋게 흘러가고 그런 채로 꿈에서 깨어난다. 이제 잊을 법도 한, 그 시절의 장면은 미선 씨의 인생에서 중요한 시기마다 떠올랐다. 당시 친구를 돕지 않은, 아니 오히려 더 세게 때렸던 그녀의 행위가 정당하다면 지금 미선 씨를 외면하는 사람들도 저마다의 이유가 있는 걸까? 미선 씨는 그렇게 끝없이 자신에게 질문을 던진다.

'내가 대체 무슨 짓을 했던 걸까?'

미선 씨는 동료들의 무관심에서 느끼는 외로움에 앞서, 심한 죄책감에 시달리고 있었다. 학생 시절, 미선 씨는 따돌림의 대상이 되지 않겠다는 이유로 친구를 져버렸다. 소외될까 봐 두려워 친구를 공감하는 마음을 놓아버린 것이다. 어른이 된 그녀는, 지난 시절을 곱씹으며 당시 자신의 행동을 후회하고, 스스로를 단죄하고 괴롭히고 있었다.

그러나, 그녀에게도 이유는 있었다. 또래와의 관계가 가장 중요한 시기에 위험을 감수하고 양심을 따른다는 것은 누구에게나 어려운 일이다. 게다가 불안에 휩싸이면 객관적인 판단이 어려워지고, 주어진 불덩어리를 어떻게든 치워버리는 데 급급해지는 것이 사람 마음이다. 그녀는 그랬던 자신의 마음을 충분히 알아 줄 필요가 있었다. 미선 씨는 과거 자신의 마음을 이해함과 동시에, 잘못 또한 인정하고 앞으로 나아가야 했다.

그렇게 함으로서, 미선 씨는 무의식중에 피해왔던 죄책감을 제대로 느끼고 반성할 수 있게 될 것이다. 후회만 하는 게 아니라, 과거에 내가 무엇을 잘못했고 그것이 지금 나와 누군가의 삶에 어떤 영향을 줄 수 있는지를 깨닫게 되는 것이다.

그 시간은 많이 아플 거다. 견디기 힘들지도 모른다. 그러나, 아픔을 통한 성찰은 커다란 변화의 동력이 된다. 미선 씨의 죄책감은 과거의 잘못을 인정하고 고통스러운 과정을 통과한 후 현재를 다시 시작하라는, 따뜻한 경고의 메시지였다.

모든 것은 제 탓입니다

철민 씨는 오늘도 잠이 오지 않는다. '오전 회의 때 괜한 애길 꺼냈나', '나로 인해 누군가 곤란해지는 건 아닐까'. 심란한 오전 시간을 마치고 점심때 만난 친구 얼굴도 떠오른다. '오랜만에 회사 앞까지 찾아와 준 친구에게 너무 무심했던 건 아닐까.' 힘든 얘길 하러 온 걸 텐데 잘 들어준 것이 맞는지, 혹시 날 만나고 더 기운이 빠져버린 건 아닐지. 이미 이런저런 생각들로 지칠 대로 지친 그에게 퇴근길 지하철에서 만난 후배가 반가울 리 없었다. 결국 어색한 채로 긴 시간을 동행하게 되었다. 돌이키고 싶다. 왜 좀 더 선배답게 대화를 이끌어가지 못했던 걸까. 그렇게 집으로 돌아온 철민 씨는 왠지 울적해 보이는 어머니의 얼굴마저 마주해야 했다.

어린 시절부터 철민 씨는 우울한 엄마를 웃게 하는 임무에 열심이었다. 둔감한 아빠는 엄마의 우울을 알아차리지 못했거나 모른 척했고 집안의 시한폭탄 같은 형은 집에 없는 편이 더 나았다. 유일하게 엄마가 웃는 건 철민 씨와 함께할 때였다. 좋은 성적표를 받아오거나 친구들과 있었던 재미난 에피소드를 들려줄 때, 그늘진 엄마의 얼굴에 미세하게 번지던 빛은 철민 씨에게 안도감을 줬다.

그는 그 빛에 기대 학창 시절을 보냈다. 사춘기 없이 20대를 넘긴 철민 씨는 뒤늦은 방황을 했고 가까스로 작은 건축사

무소에 취직하고 나서야 조금 기를 폈다. 그럼에도 그는 누구에게나 저자세였다. 뭔지 모르게 잘못하고 있는 것 같았고 자책을 멈추기 어려웠다. 하루에 '죄송합니다'란 말을 몇 번이나 하는지. 가끔은 그런 자신이 못나게 느껴져 울고만 싶었다.

열 달 동안 엄마 뱃속이라는 비교적 안전한 환경에서 자라는 아기는 태어나면서부터 그야말로 낯선 세상에 내던져진다. 고행이 시작되는 것이다. 게다가 인간은 환경에 적응하는 능력을 아주 천천히 갖추게 된다. 태어난 지 일 년이 되어야 겨우 일어설 수 있고, 언어 발달이 시작되어야 비로소 의사소통이 가능해지는 등 세상에 대한 막연한 불안감을 거두고 삶을 즐기게 되는 데는 꽤나 긴 시간이 걸린다. 이 과정에서 아이가 처한 환경과 중요한 대상과의 관계는 아이의 인생에 막대한 영향을 끼친다.

연하고 민감한 아기의 감각은 주어진 모든 것을 샅샅이 탐색하며 삶을 배운다. 그 과정에서 위험한 상황에 자주 노출될수록 막연한 불안감은 사라지지 않고 성격으로 자리 잡게 된다. 예기치 못한 폭력이 있었거나 사소하게 겁에 질린 상황에서 안심시켜주는 사람 없이 방치되었다면,

아이에게 세상은 늘 긴장하고 살펴야 하는 두려움의 공간으로 인식된다.

철민 씨의 엄마는 우울한 기질을 가지고 있거나 혹은 큰 아이를 낳고 키우는 과정에서 누군가의 도움을 받지 못하여 무기력해졌을 가능성이 크다. 둘째 아이를 낳는 것은 삶에 고된 과제를 하나 더 얹히는 일이었을 것이다. 태어나자마자 마주한 세상에 엄마의 피로와 무력감이 깔려 있다면 그 아기의 성격은 어떻게 발달할까.

따뜻하게 안아주고 여유 있게 아이를 수용해 주는 양육자가 부재할 때, 아이는 막막함과 커다란 외로움을 느끼게 된다. 철민 씨는 이 모든 불행을 자신의 탓으로 돌려 삶의 이유를 찾아야만 했다. 그는 '내가 잘못한 거니까 내가 잘 맞추고 열심히 살면 된다'고 주문처럼 외우며 막막한 세상과 타협해 왔다. 이미 주어진 그 모든 것이 그저 미안한 철민 씨의 죄책감은 사랑과 돌봄이 좌절된 환경에서 잡초처럼 수북이 자랐다.

누구를 위한 삶이었을까

경숙 씨는 매일 지쳤다. 퇴근하고 집에 가서 맥주나 한잔할까 생각하지만 그마저도 힘이 없는 날이 대부분이었다. 힘이 남아 있어도 내일 아침을 위해 남겨둬야만 했다. 식구들의 아침을 챙겨 주고 출근 준비를 한다. 운이 좋아 짬이 나면 아침 설거지를 마치고 나설 수 있다. 퇴근 후 밀린 설거짓거리가 없다는 건 십분 더 쉴 수 있다는 뜻이고 쓰러져 잠들기 전에 휴대폰을 보며 허송세월할 수 있다는 건 경숙 씨가 즐기는 유일한 사치였다.

아이 둘과 남편. 가족은 모두 네 명인데 언제나 경숙 씨만 동동거리며 티 안 나는 일을 해야 하는 삶. 직장에서 기계처럼 일하고 집으로 다시 출근하는, 그저 한평생이 '일'인 삶. 나이 오십을 바라보며 노화의 신호들을 모른 척하느라 두 배로 늙어가는 삶. 누구를 위해, 무엇을 위해 살아가는 걸까 하는 의문이 들었다. 그나마 회사에 의지할 수 있는 동료가 있어 조금 위로가 됐다. 출근하자마자 서로의 푸념을 들어주고 종종 함께 호사를 누리며 즐거워하는 게 삶의 낙이었다. 그런 동료가 퇴사를 선언한 날. 경숙 씨는 마음이 울렁거렸다. 갑작스러운 통보에 배신감이 밀려왔다. 나도 힘든데 왜 저만 힘든 것처럼 회사를 그만두는지 이해받지 못하는 마음마저 들었다.

아이를 돌보고 건강도 챙겨야겠다는 동료의 말에 화가 나 당황스러웠다. 친한 동료가 스스로를 돌본다는데 위로와 격려의 말을 해야 옳지 않겠는가. 복잡한 감정을 끌어안고 주저 앉았는데 눈물이 주르륵 흘렀다.

'나도 놓고 싶다. 회사건 가족이건. 이제 좀 쉬고 싶다. 내 삶을 돌보고 싶다.'

왜 이토록 긴 시간 동안 자신은 뒷전이었을까. 경숙 씨의 눈물은 스스로에게 용서를 구하는 것처럼 툭툭 그녀의 손등을 두드렸다.

습관처럼 나의 삶을 채우는 감정이 있다. 인정받지 못할까 봐 초조한 마음으로 한평생을 사는 사람들은, 매사에 남을 위해 희생하며 초조함을 달랜다. 내가 할 몫과 네가 할 몫을 나누지 못한 채 모든 짐을 짊어지고 살아간다. 따지고 보면 누군가 요청한 것도 아닌데 먼저 해 주고 서운해진다. 먼저 해결하고 버거워지고, 먼저 손 내밀고 화가 난다. 이렇게 반복되는 패턴의 중심에는, 인정받지 못한 아이가 있다. 아이는 인정에 대한 갈증을 채우느라 자신의 살을 깎는다. 시간이 지나 새살이 자라면 또다시 살을 깎으며 따끔거리는 감각쯤은 쉽게 무시한다. 때론 아프다고 징징댈까 봐 스스로 입을 틀어막는다.

경숙 씨에게 삶은 스스로의 가치를 증명해야만 하는 과제였다. 자신의 삶을 즐기고 그 안에서 행복감을 느끼기에는 채워야 할 인정 욕구가 너무 컸다. 구멍 난 독에 물을 채우며 끝나지 않는 고행처럼 삶을 이어갔다. 그러다 결국 동료의 퇴사 선언이 경숙 씨 마음속 작은 아이를 돌아보게 만들었다. 입을 틀어막았던 손을 내리고 울어도 된다고 말을 걸어온 것이었다.

이제야 숨통이 트인 아이는 아프다고, 왜 날 이렇게 버려두었냐고 경숙 씨를 원망하며 바라본다. 오랜 세월 만신창이가 된 아이를 바라보는 경숙 씨의 마음이 무너졌다. 그녀의 죄책감은 스스로를 존중하라고, 더 이상 자신의 존재 가치를 증명하기 위해 애쓰지 말라고 호소하는 중이다.

마음의 뿌리를 살핀다

죄책감이라는 무거운 감정을 마주했다면 우선 그것이 어

디서부터 자라났는지 살펴보자. 이는 내 감정을 수용하고 나아가 공감하는 과정이다. 지금 내 삶이 어떤 책임감에 묶여 있는지, 그것이 언제부터인지 스스로에게 묻고 답해 본다. 내 몫으로 마땅히 풀어야 할 과제가 있다면 그걸 넘어서야 자유로워질 수 있다. 반대로 내 탓이 아닌 것에 매달려 스스로를 학대하고 있다면 벗어나서 스스로를 돌봐야 한다. 이런 과정은 습관처럼 굴러가는 삶을 잠시 멈춰 세우고 오래된 유물을 발굴하듯 조심스럽게 탐색하는 시간이 될 것이다.

　여기서 말하는 습관이란 다음과 같다. 내가 정말 원하는 것이 아니라 원한다고 생각하는 것에 매달려 있는 상태, 어린 시절에 느꼈던 감정이 고스란히 현재로 옮겨와 재연되는 것, 어떤 고정관념에 매여 '해야만 한다'고 생각하는 행동 등이다. 과거에 형성된 습관들을 이해하는 과정과 더불어, 지금 이 순간 내 감각에 주의를 기울여 보자. 영화 〈소울〉에서 지구에서의 삶에 대해 냉소적이었던 영혼 22가 낙엽이 떨어지는 순간을 포착하며 새로운 감정을 느끼는 것처럼, 나를 둘러싼 사람들의 마음에 호기심을 갖고 미루어 짐작하지 않고 질문하고 그대로 듣는 것처럼 내 감각을 깨워 세상을 다시 '낯설게' 경험해 보는 것이다.

삶은 우리가 생각하는 것 이상으로 많은 가능성을 품고 있다. 세상은 그렇게 불안하지만은 않고, 우호적이고 관대한 공간일 수도 있다. 우선 관찰하고 마음을 열어볼 작은 틈을 발견해 보자. 그렇게 내 마음의 공간이 생겨야 어떤 행동이건 새롭게 시도해 볼 용기가 생긴다.

나의 진심과 마주하다

이제 용기가 필요하다. 내 잘못을 인정하고 용서를 빌 용기, 나의 분노를 표현하고 주장할 용기, 내가 나 스스로를 인정하고 상대의 반응에 휩쓸리지 않도록 단단하게 나를 붙잡아둘 용기를 낼 때다. 이는 결코 쉽지 않다. 그러니, '왜 나는 그 어린 시절의 사건을 아직도 떨치지 못하고 있나?' 하며 자책할 일은 아니다. 외롭고 억울한 마음이 있고, 이 세상에 내 편이 없는데, 자신의 잘못을 인정하기가 쉬울 수 있을까? 굉장히 벅차고 힘든 일일 것이다.

이때, 과거를 돌아본다는 것은 내 아픔을 건드려 더 아프게 하려는 것이 아니다. 아픔을 숨기느라 애쓴 그 마음에 자유를 주고 아픈 마음에 약을 발라주고 동시에 아픔을 딛고 여기까지 살아온 내 힘을 확인하는 과정이기도 하다. 그렇게 죄책감 안에 숨어버린, 외면하고 싶은 감정들을 하나하나 꺼내고 떠나보낸다. 용기가 필요한 만큼 아름다운 일이 될 것이다.

죄책감이라는 간수는 그의 손을 잡아주고 인정해 줄 때, 감옥의 열쇠를 건넨다. 아주 오랜 세월 동안 풀려나지 못한 수많은 감정들은 죄책감이 표현되는 그 시점부터 자유를 찾게 된다. 친구를 따돌리던 어린 시절의 불안, 탄생이 곧 죄가 되었던 폭력적인 환경에 대한 분노와 수치심, 인정받기 위해 내 삶을 포기했던 젊은 날의 열정과 어리석음 모두, 자유롭게 표현되어야 비로소 나의 진심과 만날 수 있다.

그렇게 내 마음의 정체를 알고 나서야 비로소 우리는 맑아진다. 과거를 바꿀 수는 없지만 과거의 짐을 모두 끌어안은 채 미래로 가야 한다는 부담에서는 벗어날 수 있다. 맑아진 마음으로는 다른 선택을 할 수 있고, 미래는 현재 내가 어떻게 하느냐에 달려 있다. 이것이 바로 치유다.

12

자유를 원한다면 가면을 벗어야 한다

무기력에 대하여

많은 이들이 힘든 상황에 닥쳤을 때 '어쩔 수 없지'란 생각으로 버틴다. 끝까지 버틴다는 뜻의 '존버'라는 단어가 마치 모든 문제의 해답인 것처럼 회자되는 것도 이와 무관하지 않다. 그러나, 버티는 게 답일 때도 있지만, 마냥 버티다가 결국 내가 할 수 있는 일이 없다는 '무력감'이 커져 우울증으로 이어진다면? 정말 이대로 버티는 것밖에 없는 건지 따져보고 싶다.

이 세상 수많은 일들은 내 뜻대로 되지 않는다. 너의 마음은 아무래도 내 마음 같지가 않다. 선택과 의지를 강조하지만 실은 내가 원해서, 내가 환경을 선택해서 태어난 것은 아니다. 세상이라는 거대한 굴레에 갇혀 혹은 단단한 벽 앞에 서서 한없이 작아지는 기분이다. 정말 아무것도 내가 원하는 대로 바꿔볼 수는 없는 걸까? 애초에 원하면 안 되는 것인가?

어디서부터 잘못된 걸까

아람 씨는 사는 게 재미없다. 스물여섯이면 가장 빛나는 시기라고 하는데 그럴수록 내 인생은 초라한 것 같아 우울했다. 애인을 만나도 시큰둥한 날이 잦았던 지난달부터는 그도 지쳤는지 연락이 뜸했다. 굳이 약속을 잡고 만나는 걸 원하는 건 아니지만 연락이 없으니 그건 그대로 화가 났다. 아람 씨는 자꾸만 화가 났다. 출근길 지하철을 놓쳤을 때, 점심시간에 싫어하는 메뉴가 나왔을 때, 엄마가 '잘 다녀왔냐'고 물을 때조차 순간 욱하는 마음이 들었다. 인상을 쓰고 화를 냈다. 그런 자신이 또 못마땅해 씩씩거리며 하루를 다 망쳐버렸다.

어려서부터 아람 씨는 바르고 성실해서 눈에 띄는 아이였다. 바름이 지나치고 성실함이 아이답지 않았다는 얘기다. 겉보기엔 큰 좌절 없이 탄탄대로를 달려 여기까지 온 것 같았지만, 돌아보면 한 번도 즐거웠거나 기꺼이 무언가를 해 본 적이 없는 것 같았다. 자신의 개성대로 삶을 즐기는 친구들을 보면서 상대적인 박탈감 같은 것을 느끼곤 했다. 특히 얼마 전 고등학교 친구들과의 모임 후 아람 씨의 속은 더 시끄러워졌다. 몸은 바윗덩이를 이고 있는 것처럼 천근만근 무거웠다. "아람아, 너도 같이 할래?", "아람아, 너도 같이 가자!"란 말을 들으면 마치 자동 버튼이 눌린 것처럼 두 가지 생각이 툭 튀어나왔다.

'날 끼워준다고? 나도 괜찮은가?'

'내가 잘 할 수 있을까? 한 번도 해 본 적 없는데'.

설렘과 의심으로 뒤엉킨 생각들이 아람 씨의 마음을 불안으로 가득 채웠다. 불안을 느끼니 그냥 바르고 성실한, 익숙한 자신으로 돌아가는 일을 반복했다. 쳇바퀴 돌듯 되풀이되는 삶. 또다시 무겁게 굴러가는 삶에, 아람 씨는 자신의 인생이 대체 어디서부터 잘못되었는지 의문이 들었다.

미국의 심리학자 셀리그만은 한 무리의 개들을 세 집단으로 나눠서 실험을 했다. 그는 첫 번째 집단에 속한 개들에 전기충격을 가하지 않고 우리에 가뒀다가 풀어 주었다. 두 번째 그룹의 개들에는 전기충격을 가했으나, 그 개들이 특정 버튼을 누르면 전기충격 가하기를 멈췄다. 마지막 그룹의 개들에는 전기충격을 가하되 개들이 어떤 행동을 하더라도 전기충격을 멈추지 않고 가했다.

셀리그만은 이 실험을 통해 '학습된 무기력'을 발견했다. 학습된 무기력이란, 고통을 받았을 때 어떤 방법으로도 피할 수 없던 경험을 겪으면, 다른 고통의 상황을 만났을 때 그저 체념하고 견디게 되는 심리 현상을 말한다.

실제로, 과거에 지속적인 학대를 받았던 사람들은 비슷한 학대 경험에 처하게 될 때, 여기에서 벗어나기 위한 시도를 하지 않고 피해자의 역할을 반복한다는 연구 결과가 밝혀졌다. 이 현상을 좀 더 확장시켜서 보면 다음과 같다. 어떤 사람이 부모의 통제하에서 자신의 감정이나 생각을 부모의 뜻대로 정하고 살아왔다고 하자. 부모는 아이를 아끼는 마음에서, 혹은 본인의 불안을 해결하지 못해서 그렇게 행동했을 수 있지만, 과잉보호는 통제로 이어지고 아이의 자율성은 무시된다. 그 과정에서 아이는 무기력을 수없이 경험한다. 결국 이 아이는 삶을 선택하고 책임지는 성장과 독립의 과정을 거치지 못한 채 성인이 된다. 자신이 원하는 것이 무엇이고 할 수 있는 게 무엇인지 알지 못하는 그는, 혼자서 결정하고 책임지지 못한다. 자신감이 부족한 것은 물론이고 새로운 도전은 꿈도 꿀 수 없게 된다.

아람 씨는 학습된 무기력이 장착된 채로 자라난 아이와 같았다. 그녀의 무기력은 자율성의 욕구를 알려주는 신호였다. 어린 시절부터 '성실하고 바르게 살아야 한다'는 당위로 무장된 채 존중받지 못한 자율성의 메시지인 것이었다.

더 잘하고 싶어

진경 씨는 최근 회사 동료에게 '너무 생각이 많은 거 아니야?'란 말을 듣고 고민에 빠졌다. 생각이 많은 것에 대해 생각이 많아진 꼴이다. 처음 듣는 말도 아닌데 왜 이렇게 가슴이 철렁한지. 스스로도 왜 이렇게 생각이 많은지 피곤하다고 생각한 날이 무수히 많았다. 그런데 왜 지금 이토록 찔리는 건지 알 수 없었다. 동료의 질문이 진경 씨에게 거울을 들이댄 모양이었다. 사실 최근 그의 상태는 눈에 띄게 좋지 않았다. 회사에는 결정해야 할 문서가 쌓였고 집은 전혀 정리되지 않은 채 잠만 겨우 자는 공간으로 전락했다. 뭐든 잘 해내는 깔끔한 성격의 진경 씨에게 지금 같은 모습은 조금 낯설고 또 익숙했다.

삶은 완벽할 수 없기에 완벽을 기하는 사람에게는 시작이 어렵고 시작이 반 이상이다. 완벽주의 성향을 지닌 진경 씨에게는 시작도 못 한 채 엉망진창인 시간이 더러 있었다. 그때가 지금 같았다. 한동안 벅벅거리는 쇳소리를 온몸으로 내며 굴러가다 끼익 소리를 내며 멈춰버린 것 같았다. 문을 닫고 기대서서 방 안 가득 어질러진 풍경에 시선이 머무르자 진경 씨의 눈에서 왈칵 눈물이 쏟아졌다.

'하고 싶다'와 '해야 한다'는 분명 다른 말이다. 그럼에도 불구하고 두 가지가 혼동되는 경우가 종종 있다. 이 둘을 구분하지 않고 살다 보면, 어느 순간 하고 싶은 것이 곧 해야 하는 일이 되고 해야 하는 것들이 내가 하고 싶었던 일인 것 같은 착각을 불러일으킨다.

더 큰 문제는 '잘해야 한다'는 것이다. 그냥 하는 게 아니라 '잘'해야 한다. 여기서 잘하는 것의 기준은, 없다. 무조건 최대한 '흠 없이' 잘하라고 스스로를 다그친다. 결국 내게 주어진 역할을 완벽하게 잘 해내는 것이 나의 소망이자 내 삶의 목표가 된다. 목표를 이루는 과정은 결코 쉽지 않다. 실수를 용납할 수 없어 신중에 신중을 기한다. 생각은 많아지고 하루는 너무 짧다. 삶은 더없이 무미건조하고 힘겨워진다.

생각이 많은 진경 씨는 어떤 지점에서 무너졌을까? 동료의 말에 멈춰선 그녀는 무모하게 이고 가던 짐들의 무게를 인식하게 되었을 것이다. 당장 내려놓고 싶다는 마음의 소리를 들으며 집으로 돌아왔는지도 모른다. 어디에 놔야 할지 그냥 던져버려도 되는 건지 알 수 없어 멍하니 힘을 뺀 채 무게를 가늠하고 있을 때, 눈 앞에 펼쳐진 풍경이 기어이 그녀를 주저앉힌다. 태연하게 누워있는 옷가지들은 경진 씨의 게으름과 무능함을 지적하고 그럼에도 불구하고 네 몫이 바로 여기 있다고, 피할 수 없을 거라며 비아냥거린다.

마지막 순간까지 남겨 둔 작은 의지가 날아가 버릴 때, 진경 씨는 익숙한 무기력감을 마주하게 된다. 뭐든지 잘해내는 그녀에게 계속 잘하라는 칭찬과 압박이 묘하게 겹쳐졌던 시절들, 잘해내지 못하면 무가치한 존재가 될 것 같아 발을 동동 구르던 작은 아이가 울상을 짓고 있다. 때마다 찾아오는 진경 씨의 무기력감은 인정받고 싶어 두 손 꼭 쥐고 달려가다 넘어진 작은 아이의 울부짖음이다.

갇힌 감정들에 자물쇠를 채운다

형식 씨의 삶은 늘 평탄했다. 아니 그렇다고 생각했다. 겉보기에 부족함이 없는 집안의 귀한 아들이었고 부모님도 각자 맡은 역할에 충실한 '정상적인' 가족이었다. 때가 되면 네 가족이 함께 여행을 떠났고 그럴듯한 가족사진도 지갑 한쪽에 잘 지니고 다녔다. 부모님은 원하는 것을 사줄 수 있을 만큼의 경제력이 있었으며 마음도 여유로워 아이의 요구를 어느 정도 들어줄 수 있었다.

단, 이 모든 편안함의 이면에는 하나의 조건이 있었다. 어떠한 감정도 표현해서는 안 된다는 것. 떼를 쓰거나 눈물을 보이거나 화를 내는 등의 부정적인 감정은 물론이었고 때로는 긍정적인 감정마저 금기시되었다. 어린 시절, 조금이라도 떼를 쓰면 바로 처벌을 받았다. 좋아하는 장난감을 얻을 수 없거나 밥그릇을 빼앗기거나. 사춘기가 되어서는 휴대폰을 압수당하고 집 밖으로 쫓겨났다. 사소한 반항이 무자비하게 짓밟히는 일이 몇 번쯤 반복된 후 형식 씨는 빠르게 굴복하는 쪽을 택했다. 감정을 마비시키는 것이 가장 손쉽게 살아남는 방법이었다. 겉으로 감정이 일렁이지 않아 평온해 보였지만, 형식 씨는 휘몰아치는 감정을 그대로 마음속에 끌어안은 채 살아가고 있었다.

그러던 어느 날, 바닥난 의지력을 확인하는 사건이 터졌다. 늘 긍정적인 사람으로 불리는 형식 씨도 더 이상은 부장의 행패를 참을 수 없었다. 부장은 필요할 땐 끝까지 부려먹고 조금이라도 자신이 손해를 보거나 뜻대로 안 될 것 같은 상황이 되면 처참하게 부서원들을 찍어 눌렀다. 묘하게 상대의 감정을 자극하는 말들을 거침없이 내뱉었다. 형식 씨의 마음은 활화산처럼 타올랐지만 그가 할 수 있는 일은 아무것도 없었다. 중간에 낀 채로 후배들의 입장을 듣는 일을 할 때마다 무력감은 점점 커졌다. 중요한 회의를 마친 그날 이후, 형식 씨는 입을 닫아 버렸다.

같은 상황에서도 사람마다 다른 감정을 느낀다. 감정은 그 사람 특유의 색깔이기 때문이다. 어떤 사람들은 자유롭게 온몸으로 자신의 개성을 드러내는 반면, 어떤 이들은 숨은그림찾기에서 결코 찾을 수 없는 그림처럼, 배경과 닮은 색채로 자신을 숨긴다. 한편, 감정은 그 자체로 에너지이기도 하다. 무언가를 하거나 하지 않거나 혹은 회피하게 만든다.

자신의 개성이자, 에너지인 감정들이 거세된 어린 시절의 경험은 사고accident와 같다. 내가 누구인지 알 수 있는 가장 기본적인 색깔을 잃었으며 중요한 에너지원이 막혔다. 인식만 하지 못했을 뿐 온몸을 가득 채운 감정은 감당할 수 없는 자극 앞에서 온몸과 마음을 집어 삼킨다. 분노를 느끼고 주장하는 것이 아니라 불구덩이에 뛰어드는 격이다. 슬픔을 느끼고 눈물을 흘리는 것이 아니라 슬픔에 잠식되어 삶의 어두운 면만을 헤아리게 되는 것이다.

형식 씨는 이미 많은 감정을 누르고 외면하며 마음속 감옥에 가둬두었다. 감옥에 주저앉은 감정들이 일어나기라도 하면 재빨리 앉혀 달래며 적정한 선에서 타협했다. 그렇게 적당히 형식 씨의 연한 색깔을 유지해 주던 감정들이, 바르게 앉아있었음에도 처벌하려 드는 무자비한 부장과 마주하게 된 것이다. 어찌할 바를 몰라 형식 씨의 심장을 쿵쾅쿵쾅 두드리던 감정들에 형식 씨는 더 큰 형벌처럼 자물쇠를 채웠다. 오기도 있었다. '부장의 공격에 흔들리지 않겠다'고 선언하며 입을 닫고 마음의 문을 닫았다. 마치 어린 시절 그를 불구로 만든 부모에게 보복을 하는 것처럼 스스로를 해치며 안으로 화를 내고 있었다. 형식 씨의 무기력은 자기표현이 좌절된 긴 세월 동안 그가 느낀 분노와 외로움, 절망과 냉소를 담고 있었다.

___
의지력 총량의 법칙을 수용하라

우리에게 주어진 에너지에는 한계가 있다. 어떠한 일을

선택하고 추진하려는 마음인 '의지력' 역시 마찬가지다. 아무리 건강해도, 아무리 내적인 동기가 높다고 하더라도 한계치 이상의 에너지를 소모하고 의지력이 바닥날 땐 지칠 수밖에 없다는 것을 인정해야 한다.

무기력이란 감정은 일단 쉬어야 한다는 신호다. 내 마음이 동하지 않는 상태에서 너무 많은 것들을 해 왔는지도 모른다. 내 역량 밖의 역할들—가족 안에서 엄마, 아빠, 혹은 중재자나 해결사가 되는 등—에 내 소중한 삶을 모두 바쳤던 것일 수도 있고, 무언가를 참고 버티는 데 지나친 에너지를 소모하고 있었던 걸 수도 있다. 털썩 주저앉은 김에 쉰다고 생각하자. 감정은 결국 지나가게 마련이니까. 마음에 의지가 채워질 때까지는 시간이 필요하다. 지금 할 수 있는 일은, 그리고 해야만 하는 일은 쓰러진 나를 다독여 일어날 힘을 채워주는 것이다.

누군가에게 의지해 볼 수도 있다. 감정을 안고 있는 것도 에너지가 필요하기 때문이다. 믿을 만한 사람, 친구나 가족 혹은 상담사에게 이야기하고 위로를 받자. 회사나 집에서, 구체적으로 말하지 않더라도 내게 조심스럽게 관심을 가져달라고 혹은 나를 자극하지 말아 달라고 어떤 방식으로건 표현한다.

말할 기력이 없을 수도 있다. 그럼에도 불구하고 혼자 고립된 상태로 지내는 것은 피해야 한다. 혼자 하는 생각들은 부정적인 방향으로 흐르기 쉽고 무기력감에 우울과 절망이 얹히면 감당하기가 더 힘들어진다. 최소한 내 마음이 어렵고 도움이 필요한 상태라는 것을 드러내는 것이 좋다. 말을 꺼낼 힘이 조금 생기면, 다가오는 그의 질문을 마다하지 말고 조금씩 마음을 열어 본다. 자동차에 기름을 채우듯, 나의 연료통이 채워지도록 뚜껑을 연다고 상상해 보자. 기름이 바닥나는 일은 나뿐만 아니라 우리 모두에게 찾아오는 순간이다.

삶의 감각을 깨우라

조금 힘이 생겼다면 내 안의 삶의 동기에 귀를 기울여 보자. 당연한 건 없다. '마땅히 그렇게 해야 한다'는 생각으로 내적 동기는 무시한 채 무미건조한 삶을 살았다면, 이제 좀 다르게 생각해 볼 때다.

《쓰는 기분》의 저자 박연준 시인은 우리 모두 시인이

될 수 있다고 한다. 아니 이미 시인이라고 말한다. 평범해 보이는 일상이지만 어느 순간 가만히 자신의 상태를 들여다보며 묘사해 본 적이 있는가? 아이와 도란도란 이야기하는 순간의 감정을 마음속으로 표현해 본다던가 오금행 지하철을 기다리며 '오금이 저리는' 경험을 해 본 적이 있는가?

우리는 이미 시인이다. 그렇기에 삶의 감각을 그대로 지나치지 않고 더 충분히 느낄 줄 알며, 비유를 들어 내 마음과 우리의 관계를, 그리고 세상의 기쁨과 슬픔을 묘사할 줄 안다. 나의 힘든 마음마저 시처럼 표현할 수 있는 것이다. 그런 마음의 창의성에 불을 밝혀 보자. 별것 아닌 것 같고 늘 하는 말이라도 그 말에 초점을 맞추고 특별한 관심을 둘 때 삶에 리듬감이 생긴다. 걸어가고 있는 줄 알았는데 춤을 추고 있는 나를 발견하는 일은 얼마나 설레는가. 잔잔히 흐르던 음악이 경쾌한 리듬감을 갖고 내 삶을 툭 건드린다면, 무기력했던 마음이 기지개를 켜며 깨어날 것이다.

도망치는 건 도움이 된다

라디오에서 누군가가 'We're all gonna die'라는 팝송을 신청했다. 이 곡의 첫 문장을 듣자마자 해방감을 느꼈다며 뭐든 잘하려고 애쓰던 마음을 내려놓을 수 있었다고 했다.

'Instead of fixing problems, I just run away. I save it for another day.'

문제를 해결하려 하는 대신 도망쳤고, 다음날을 기약한다는 내용이었다. 속이 시원한 가사였다. 회피하지 말고 직면하라고 하지만, 그저 도망치는 게 나은 때가 있다. 오늘 할 일을 내일로 미루지 말라고 하지만, 때론 내일로 미루는 것이 더 현명한 판단일 때가 있다. 힘의 차이가 엄청나 싸움에서 질 것이 뻔할 때, 맹수를 만나 죽게 생겼을 때, 예기치 못한 산사태에 집이 무너질 때 어떻게 해야 하는가?

도망쳐야 한다. 어쩌면 우리는 아주 단순한 생존의 기술을 잊어버리거나 경시한 채 살아왔는지도 모른다. 물론 조금 더 버티고 질끈 눈 감고 앞으로 나아가는 것도 필요한 자세다. 습관적으로 문제를 회피하고 갈등을 외면하려는 태도는 개선되어야 한다. 그러나, 필요할 땐 '도망치는 기술'을 익혀 두어야 한다. 은근한 통제로 숨이 막힐 지경이라면 일단 그 환경에서 벗어나 한 발 떨어져 본다. 일이 산사태처럼 내게 쏟아질 때 당장 급한 일이 아니라면 덮어두자. 수많은 일을 해치우기 위해서라도 에너지 충전이 먼저라는 것을 기억하자. 무자비한 상대가 나를 집어삼킬 듯이 감정을 쏟아낼 때는, 도망치자!

도망침으로써 나의 한계를 인정하고 동시에 이전과는 다른 방식으로 삶을 바라보게 될 수 있다면, 도망치는 것이 꼭 나쁜 일은 아니다. 이렇게 생각할 때 무력감은 생각보다 우리를 가볍게 스쳐 지나갈 수도 있다. 세상일이 모두 내 뜻대로 되는 건 아니니까. 사실 삶은 인간의 통제 범위를 넘어서는 것인데 어찌 무력감을 느끼지 않을 수 있겠는가.

13

인생 최고의 동반자는 내 자신이다

소외감에 대하여

어느 밤, 달을 보며 소원을 비는데 문득 달의 마음이 궁금해졌다. 평소엔 아는 체도 하지 않다가 일 년에 한 번 간절한 마음으로 자신을 바라보는 사람들에게 달은 어떤 말을 해 주고 싶을까? 저 높은 하늘에서 홀로 지구 주변을 빙빙 도는 신세가 왠지 좀 처량하게 느껴지기도 한다. '달 보고 소원을 빈다'는 것은 소외되어 있던 달의 존재감을 확실하게 살려주는, 달을 위한 의식인가 생각하니 애틋해진다. 수많은 별들 속에서 또 수많은 사람들과 한 세상을 살지만 외따로 떨어진 달은 어떤 감정을 느낄까.

나만 홀로 앉아있었던 교실, 많은 부서원들 사이에서 번번이 혼자 남게 되는 점심시간, 다섯 명의 가족 안에서 유일한 내향적인 아이로 커 왔던 긴긴 세월. 이 모든 소외감의 흔적들은 그 어떤 감정 못지않게 우리의 마음속에 상처를 아로새긴다. 그러고 보니 우리는, 혼자일 때 달을 본다.

예민한 내가 싫어

여느 퇴근길, 기찬 씨는 오늘 하루 동안 말한 단어를 새어 본다. 이러다 입술이 붙어 버리는 건 아닐까 조바심이 날 땐 편의점에 들른다. 친절한 점원에게 인사를 건네고 1＋1 행사 인 두유를 하나만 사도 되는지, 나머지 하나는 넣어갈 데가 없 는데 보관할 수 있는지 실없는 질문을 하고는 담배나 껌을 사 서 돌아 나와 지하철역 쪽으로 걸어간다. 지하철은 사람들로 가득하다. 위태롭게 설 자리를 잡아 휴대폰을 볼 때면 편안히 좌석을 잡고 무언가를 신나게 보고 있는 사람들이 부럽다. 영 화나 드라마를 보기도 뭐하고 끔찍한 사건 사고에 정치인들 싸우는 이야기가 가득한 포털 기사도 이제 지겹다. 연락 오는 사람도 없고 SNS에서 잘 모르는 이들의 사생활을 지켜보는 일도 지치고. 기찬 씨는 조금 울적해졌다.

어려서부터 '예민하다'는 이야기를 많이 들으며 자랐다. 실 제로 기찬 씨는 조금 까다로운 면이 있었다. 미리 걱정하고 쉽 게 지치며 사람들 앞에서 긴장도 잘해 늘 심각하고 경직된 아 이였다. 친구를 사귈 때도 마찬가지여서 제 자신이 다가가기 도 어려웠지만 누군가가 다가와도 우물쭈물 잘 받아들이지 못한 채 멀어졌다. 문제는 유년 시절 예민하고 경직된 마음을 다독여 줄 누군가가 없었다는 거다. 몸이 약한 엄마를 간호하랴 돈 버느라 바쁜 아버지에게 관심받기를 갈망하랴, 기찬 씨는 한시도 긴장을 늦출 수 없었다. '괜찮아'라고 안아줄 누군가가 필요할 때 '안 돼!'라는 경고음이 울렸고 '어떤 마음이니?'란 관심이 필요할 때 무서운 침묵이 공간을 가득 채웠다. 답이 돌아오지 않을 것을 알면서 관심을 원하는 건 괴로운 일이라 자라는 마음을 통제하는 일에 애를 써야 했다.

그렇게 기찬 씨는 스스로를 꽁꽁 싸맸다. 빈틈없는 사람에게 스며들기란 쉽지 않다. 그러니 누군가를 사랑하기도 어려워 유년 시절의 경험을 반복하게 됐다. 그럼에도 기찬 씨는 이제 정말 혼자이고 싶지 않았다. 어딘가에 소속되어 누군가와 함께이고 싶었다.

스스로를 '예민한 사람'이라고 낙인찍는 사람은 자신이 누군가에게 까다롭게 굴고 징징거려 피해를 준다며 자책하고 자기혐오에 빠진다. 그런데 이들의 얘기를 잘 들어보면, 실제로 그들이 예민해서 더 보살핌을 받거나 다독여진 기억이 별로 없다. 예민함은 타고난 기질인데 그대로 존중받지 못한 것이다. 예민할수록 더 조심스러운 돌봄이 필요할 텐데 말이다.

스스로가 어떻게 해 볼 수 없는 타고난 성향에 대해 비난을 받는 일은 자존감에 타격을 준다. '이런 나를 누가 좋아하기라도 할까?'라는 생각에 이르면 예민함에 두려움까지 더해져 사람 만나기가 꺼려진다. 오랜 친구를 만나도, 간만에 사귄 새로운 관계에서 즐거움을 느끼더라도 '나를 진짜 알고 나면 떠날 거야'란 생각에 돌아서는 발걸음이 무겁다. 알 수 없는 울적함을 반복하고 싶지 않다는 생각에 익숙한 고립을 택하지만, 나 빼고 모든 사람들은 잘 어울리는 것 같아 가슴이 시리다. '역시 내가 문제야'라는 징덥을 확인하게 되는 것이다.

기찬 씨는 너무 오랫동안 원하는 바를 미룬 채 스스로를 탓하며 살아왔다. 상대가 적극적으로 다가오지 않으면 먼저 다가갈 수 없었다. 거절당할 것이 너무 뻔했으니까. 자신처럼 예민하고 까다로운 사람은 아무도 좋아할 것 같지 않았다. 나 자신도 내가 마음에 들지 않을 때 용기를 내기란 결코 쉬운 일이 아니었다.

허나, 이제는 더 이상 고립되고 싶지 않았다. 연결을 원했다. 기찬 씨의 울적함은 이제 익숙한 소외감에서 벗어날 때가 되었다는 걸 말해 주고 있었다.

함께 있지만 혼자인 느낌

회사는 점점 어려워지고 있었다. 오랜만에 만난 친구들과 반백 살을 앞둔 나이에 뭘 더 할 수 있겠냐고 '존버'가 답이라고 웃으면서 이야기했지만 돌아서는 길은 쓸쓸했다. '아이들은 빠르게 자라고 학원비는 그 이상으로 늘어 가는데, 그럼 정말 더 잘 버텨야 하는데…'란 생각에 이르자 한숨이 절로 나왔다. 민하 씨는 끊었던 담배를 다시 피워볼까 싶어 편의점에 들렀다가 앞 사람의 계산이 늦어지는 틈을 타 그냥 나와 걸었다. KFC를 지나며 아들 좋아하는 치킨 세트나 사갈까 싶다가 만다. 불이 켜진 빵집에서 딸이 좋아하는 빵이 남아있으려나 생각하지만 발걸음은 멈춰지질 않는다.

'아내가 집에 있을까?' 언젠가부터 뭘 사가도 반기는 사람이 집에 없다. 어떤 날엔 누가 들어오는지조차 궁금해하지 않는 아이들과 아내를 마주하며 당황스럽고 슬픈 감정이 들기도 했다. 굳이 탓을 하자면 '회사 일이 바빠 집에 신경을 못 쓴 내 탓'이라 생각하니 슬그머니 고개를 들던 억울함이 쑥 들어간다. 그렇다면 이 기분은 뭘까? 민하 씨는 익숙한 감정에 조금 울적해졌다. 함께 있지만 혼자인 느낌, 답답하지만 벗어날 수 없고 벗어나고 싶지도 않은 막막함, 자유롭고 싶은 것이 아니라 자유가 주어지는 것이 두려워 초라해지는 기분이었다.

소외감은 어렸을 때부터 자주 느꼈던 감정이었다. 시작은 책임감이었다. 잘하려고 할수록 혼자가 됐다. 어린 시절 동생에게 그토록 엄했던 것도 형의 역할이란 생각에서였다. 새로운 가정을 꾸리고 아이들이 자라면서 회사 일에 집중했던 것도 그것이 가장의 역할이니까, 힘든 일을 표현하고 나누는 일은 무책임한 태도라고 생각해서 표현하지 않아도 남들이 알아주길 바랐다. 부장 승격이 발표된 날부터 더 엄격해진 것도 부서원들을 의식한 최선의 선택이었다. 그리고 시간이 지날수록 민하 씨는 접착제가 떨어진 부속품처럼 관계 안에서 툭 떨어져 나갔다.

삶에서 느끼는 행복감은 관계에서 찾아온다. 어린 시절 학교에서 받은 상을 꼭 안고 집에 돌아올 때 가슴이 콩닥콩닥 설레는 건 무엇 때문일까? 아마도 집에서 누군가가, 엄마나 아빠가 함께 기뻐하며 칭찬해 줄 그 순간을 기대하여 미리 벅차오르기 때문일 것이다. 그런 아이가 집에 들어섰을 때 아무도 없이 적막한 풍경과 마주하게 된다면? 우울한 엄마의 얼굴을 마주하거나, 술에 취한 아빠가 무심히 상장을 바라보며 '방심하면 안 된다'고 한 마디 툭 던진다면 어떨까.

행복을 예견했던 마음은 바람 빠진 풍선처럼 작아지고 이내 불행해질 것이다. 상처받은 아이는 앞으로는 절대 기대하지 않겠다고 다짐할지도 모른다. 상을 받아도 칭찬해 줄 사람이 없고 함께 기뻐할 순간을 기대할 수 없다면 긍정적인 감정은 성취감 정도에 머무르게 될 것이다. 어쩌면 오히려 허탈할 수도 있다. 행복감을 느끼려면 누군가가 있어야 한다. 나 혼자가 아닌 어딘가에 소속되어 함께 축하할 수 있을 때 대개 우리는 행복하다.

민하 씨에게 필요한 것은 사랑하는 사람들이었다. 아빠로서, 남편으로서의 책임을 다하려는 것도 함께 잘 살고 싶은 마음에서 비롯됐던 것이니까. 그가 가족들을 돌보려는 것처럼 그도 보살핌받고 싶은 마음이 있었다. 그러나, 사랑과 돌봄에 대한 욕구가 좌절된 민하 씨는 소외감을 느꼈다. 가족들과 공유하는 이야기가 점점 없어지고 그 안에 자기 자리가 좁아지는 것을 체감할 때 소외감의 크기는 점점 더 커져만 갔다. 어린 시절, 열심히 해서 상장을 받아왔지만 아무도 봐주지 않고 칭찬해 주지 않는 상황이 어른이 되어서도 반복되는 것처럼.

기대를 하지 않기로 마음먹는다는 것은 상처받았다는 뜻이다. 정말 기대를 안 할 수 있게 되는 건 아니라는 말이다. 함께 기뻐할 수 없고 함께 힘든 것을 공유할 사람 없이 소외된 반백 살의 민하 씨는 사랑과 돌봄이 필요했다. 마치 다시 어린아이가 된 것처럼 말이다.

주목받고 싶지 않아요

아침마다 소란 씨는 뭘 입고 나갈지 한참을 고민한다. 옷장 가득 욱여넣은 옷들이 그저 공간을 채우기 위한 물건처럼 초라하고 얄궂다. 계절마다 옷을 사고 후회하는 일을 반복하는데도 늘 어딘가 모자란 차림으로 집을 나서게 된다. 검은색과 베이지색. 무난한 옷을 선택하는 날이 그나마 덜 후회하는 날이다. 후회를 덜 하고 적당히 처진 분위기로 열심히 살 것인가, 과감한 도전으로 수치심을 견뎌내며 바닥을 치고 올라갈 것인가. 옷을 고르는 찰나의 생각에 순식간에 물에 빠진 솜뭉치처럼 묵직해져 버렸다. 이런 채로 출근길 만원 지하철에 오르게 되는 날엔 하루 치의 의지력 중 반 이상이 날아가 버린 기분이다. 나머지 반을 쪼개고 쪼개서 하루의 업무를 마치는 일에 소란 씨는 자주 진이 빠졌다. 그나마 얼마 전부터 듣기 시작한 클래식 FM이 그녀의 구원자였다. 운이 좋은 날은 의지력을 조금 채워주기도 했다.

그날도 라디오를 들으며 출근하고 있었다. 소개되는 사연의 대부분은 클래식 음악에 조예가 깊은 청취자들의 음악과 관련된 이야기라 가볍게 들을 수 있었다. 그런 소란 씨에게 그날의 사연이 번개처럼 내리쳤다. 사연 속 주인공은 대학교 시절 따돌림을 당한 경험이 있다고 했다. 워낙 내향적인 데다 어린 시절 이사를 자주 다녀 매번 낯선 환경에 적응하는 일이 힘겨운 싸움 같아 늘 긴장하며 지냈다고. 고등학교 때까진 그래도 한 반에 한 명 정도는 친한 친구가 있어 무사히 학교를 마쳤는데 친구도 학업도 적극적으로 부딪혀야 하는 대학생이 되자 막막함을 어찌할 수가 없었다고 했다. 불안 속에서 사람들의 말이나 행동을 잘 이해할 수가 없었고 그렇게 '이상한 사람'이 된 이야기. 그때 스스로를 보호하려던 방법의 하나가 무채색의 옷을 입는 것이었다고 했다. 그렇게 마치 없는 사람처럼, 그림자처럼 무리의 끄트머리를 서성일 때 그나마 안도감을 느꼈다고 한다. 당시 유일하게 힘이 되어준 친구가 클래식 음악을 좋아했다며 함께 듣던 리스트의 위로Consolations를 신청한다고 했다.

뒤이어 피아니스트 조성진의 절제된 연주가 시작되는데 소란 씨의 눈에 눈물이 맺혔다. 집에서도 학교에서도, 늘 혼자였던 작은 소란이의 모습이 사연 위로, 리스트의 위로를 따라 배경이 되어 흘러간다. 망설이다 결국 검은색 옷을 선택한 오늘 아침의 큰 소란 씨가 작은 소란이의 손을 꼭 잡았다.

사람들에게 어떻게 보일지 신경 쓰는 일만큼 나 자신이 작고 초라해질 때가 없다. 남의 시선을 살핀다는 건 그만큼 자신이 없다는 뜻이니까. 게다가 모두에게 잘 보이는 일은 불가능한 일이기도 하다. 남들은 여럿이고 그만큼 취향도 여러 가지라 모두의 입맛에 나 자신을 맞출 수는 없기 때문이다. 불가능하고, 그래서 불안정한 기준에 따라 나를 평가하고 그에 따라 내 감정이 좌지우지된다. 수시로 감정이 널을 뛰며 쓸데없는 곳에 에너지를 낭비하느라 중요한 일을 놓치게 되어 버린다. 내 생각과 욕구를 표현하는 일과는 점점 더 멀어지고 스스로도 점점 더 자신을 알 수 없다. 생기를 잃고 매력을 잃는다.

소란 씨는 성격이 형성되는 중요한 시기에 타고난 기질을 발휘할 수 없었다. 외향적인 가족 안에서 혼자 내향적인 사람이라 이해받지 못했다. 소속감을 느끼고 싶어 어떻게든 비슷한 색깔로 맞추려고 노력도 해 봤다. 안데르센 동화《미운 오리 새끼》에서 실은 백조였던 주인공이 오리처럼 보이려고 애썼던 것처럼 말이다.

'다르다'는 것이 '틀리다'는 것으로 이해되는 분위기 속에서, 행여 틀린 사람이 될까 봐 꼭꼭 숨겨오느라 구겨져버린 다름은 자주 수치심으로 수렴된다. 마음속 깊은 곳에 수치심을 안고 사는 사람들은 자주 위축되고 고립되기 쉽다. 소란 씨의 소외감은 타고난 취향과 있는 그대로의 감정과 욕구를 표현하는 것이 좌절되었던, 그래서 무채색으로 존재감 없이 살아왔던 그녀가 공기처럼 느끼던 감정이었다. 더 이상 색깔을 잃은 채로 살며 세상에서 나를 소외시키고 싶지 않다는 조용한 시위였다.

때론 생각보다 몸이 빠르다

어린 시절, 학급에서 혼자가 될 때 어떻게 했었는가. 그 시절의 기분이 불쾌하게 반복되고 있다면 그때와 정반대되는 시도를 해 보자. 쉬는 시간에 자는 척 엎드려 있었다면, 회사에서 우르르 점심을 먹으러 나갈 때 나도 함께 일어나 같이 가자고 해 보는 거다. 자는 척하고 싶은 순간에 내 몸을 반대로 일으켜 세우자. 당장 무리에 껴서 밥을 함께 먹는 시도를 하지 못해도 괜찮다. 일단 몸을 일으켰다는 것이 좋은 출발이 될 수 있다.

동창 모임에 가면 그저 친구들 이야기를 영혼 없이 듣거나 어떻게 보일지 신경 쓰느라 안절부절못하고 앉아있었는가? 그렇다면 이번 모임에서는 내가 느끼는 소외감에 대해 이야기를 해 보자. 회사에서 받는 스트레스에 대해서, 집에 돌아와 부모님을 마주할 때 느끼는 갑갑함에 대해서. 내 마음에 공감할 친구가 있을 수도 있다. 의외로 많을 지도 모른다.

생각과 감정, 행동은 연결되어 있어서 무작정 새로운 행동을 할 때 감정도 따라서 변한다. 무채색의 옷이 마음에 들지 않고 뭔가 나를 표현하고 싶다는 생각이 든다면 과감하게 화려한 옷을 입고 거리를 나서 보자. 생각보다 내 옷차림에 신경 쓰는 사람이 없다는 걸 확인하고 안심하게 될 것이다. 혹은 의외로 잘 어울린다고 말해 주는 친구가 있을 수도 있다. 누가 뭐래도 내가 원하는 걸 그냥 해 보는 시도 자체가 나를 자유롭게 한다. 그렇게 한발씩 앞으로 나아가 보자.

무조건 당신편이 되어 주자

그리고 혼자인 나에게 좋은 친구가 되어 주는 것이다. 나는 어떤 친구를 원하는가? 혹은 어떤 친구가 되고 싶은가? 상대의 의사를 묻고 알아주는 친구, 존중하고 타협하면서 부드럽게 조율을 시도하는 친구라면 어떨까. 나 자신에게 바로 그러한 친구가 되어 보자.

내가 무리 안에서 느끼고 또 느껴왔던 소외감을 공감하며 '그동안 많이 힘들었겠다'고 위로의 말을 건네고, 나아가 내게 새로운 시도가 필요할 때, 좋은 친구라면 어떤 조언을 해 줄지 생각해 본다. 이때 반대의 입장이 되어보는 것도 도움이 된다. 내가 아끼는 친구가 가족 안에서 소외감을 느낀다고 말할 때, 어렵지만 궁극적으로 원하는 건 가족과 연결되고 사랑받고 싶은 것이라고 말할 때, 나는 어떤 조언을 할 것인가.

변화를 이끄는 좋은 방법 중 하나는, 직접 말로 상황을 표현해 보는 것이다. 민하 씨의 경우, '최근 회사 일이 많았고 승격하고 나서 부담이 컸지. 그래서 집안 분위기가 이상해도 무엇 때문인지 신경 쓸 겨를이 없었어. 아이들 학년이 올라가고 여러 가지 결정을 하느라 아내가 혼자 힘들었을 텐데…'라며 말로 현재의 상태를 표현해볼 수 있다. 이렇게 하면 상황을 객관적으로 이해하기 쉽다. 더불어 이해의 과정에서 해결책을 발견하기도 한다. 돌봄 받지 못해서 아쉽다는 생각보다 가족을 돌보지 못했다는 데 생각이 미치게 된 민하 씨는 벽을 무너뜨린 채 순순히 자신의 소외감을 드러내며 대화를 시도하는 방법을 찾아낼 수도 있다. 이때 스스로 찾은 해법은 변화의 동기를 강화시켜 선순환을 일으킨다.

우리는 때로 원망과 억울함 때문에 자신의 약한 마음을 숨기게 된다. 그러나, '난 늘 애쓰는데 왜 날 소외 시켜?'라는 생각이 깔려 있는 채로 대화를 시도하면 결국 화를 내게 되고 그런 나를 상대가 받아줄 리 없다. 그러니 내가 나의 좋은 친구가 되어 내 마음을 부드럽게 해 주자. 어렵다면 상담사의 도움을 받아볼 수도 있다.

어쩌면 소외감은 어떤 감정보다 더 직면하기 어려운 감정인 지도 모른다. 혼자인 감각을 '혼자' 느껴야 하니까. 한번 느끼고 나면 결코 피할 수 없을 것 같아 두려울 수도 있다. 그럼에도 불구하고 누구나 외로운 것처럼, 소외감은 인간이라면 느낄 수밖에 없는 실존적 고통이라는 것을 기억하자. 그 고통을 어떻게 안고 살아갈 것인지가 우리의 과제이다.

14

불행한 사람은 없는 것을 사랑한다

질투심에 대하여

파양된 고양이를 데려와 함께 산 지 2년쯤 된 어느 날, 밤마다 방문 앞에서 우는 고양이가 안쓰러워 둘째 고양이를 입양했다. 태어난 지 한 달도 되지 않은, 주머니에 쏙 들어갈 만한 작은 아이였다. 주사기로 우유를 받아먹고 소파 구석에 조막만 한 머리를 끼운 채 잠든 모습이 어찌나 귀여운지 온 가족이 고양이를 밟기라도 할까 봐 전전긍긍하며 애정을 쏟았다.

애초에 둘째를 키우기로 한 이유 같은 건 중요하지 않았고 어느새 잊었다. 첫째 고양이는 더 이상 밤에 울지 않았다. 그리고 얼마 되지 않아 소변 실수를 하기 시작했다. 어떤 날은 신발장에, 어떤 날은 화장실 바로 근처에. 거실에 대변을 싸두기도 하며 집 안 구석구석 얌전히 흔적을 남겼다. 밤에 우는 것 말고는 존재감을 드러내지 않았던, 겁이 많아 낯선 사람이 오면 숨어버리던 아이의 조용한 보복이 시작된 것이다.

질투심이란 겁먹은 분노다. 빼앗긴 것에 화가 나지만 그게 정말 내 것이었는지 자신이 없어 움츠러드는 마음. 애초에 내 것이 아니라는 것을 확인하는 게 두려워 은밀하게 복수의 칼을 가는 감정이다. 그 감정이 결국 자신을 해친다는 것을 알면서도 멈출 수가 없다.

인정하고 싶지 않아요

서린 씨는 가끔 이 세상에 나 혼자인 것 같은 기분이다. 부모도 언니도 있고 친한 친구도 있고 직장도 잘 다니며 자기 역할을 잘 해내고 있는데도 적막할 때가 있다. 친언니가 있지만 때론 낯선 사람 같다. 그런 언니를 성인이 되어서까지 곁에서 돌보는 엄마, 아빠도 함께 낯설어진다.

오랜만에 본가에서 명절을 지내고 돌아서는데 서린 씨의 마음이 복잡했다. 여느 때처럼 하루만 더 자고 가라며 붙드는 아빠의 말에, 핑계 대고 싶은 마음조차 들지 않아 무시하고 돌아선 참이었다. 그렇게라도 해야 조금 시원할 것 같았다. 애써 설득하며 없는 에너지를 쥐어짠 후 지치고 화나는 마음을 안고 얼마나 괴로운 밤을 보냈었는지. 더 이상 그러고 싶지 않았다.

서린 씨의 언니는 발달 장애를 갖고 태어났다. 원인은 알 수 없지만 사회성이 발달할 시기에 장애가 발견되었다. 그때부터 부모는 종일 아이를 돌보고 병원과 상담센터를 오가며 수많은 비용을 지불해야 했다. 그만큼 돈을 벌어야 하니 일도 게을리할 수 없었다. 단란한 가정을 꿈꾸던 서린 씨의 부모는 우울했고 아이를 돌봐야 한다는 압박감과 죄책감에 삶은 점점 무거워졌다. 그렇게 두 해를 보낸 뒤 서린 씨가 태어났다.

어느 정도 안정적인 일상생활이 가능해지자 새로운 희망을 아이에게 걸어보고 싶었을까. 그런 부모의 기대를 잘 알고 있다는 듯, 아기는 너무 예쁘고 무엇보다 건강했다. 게다가 모든 면에서 발달이 빨라 마치 부모에게 큰 보상을 안겨주려고 태어난 존재인 것처럼 자신의 역할을 잘 해냈다. 사랑받을수록 더욱더 애정에 대한 갈망이 자라 열심이었다. 서린 씨는 충분히 자랑스러운 딸이었지만, 그럼에도 불구하고 늘 부모님의 실질적인 돌봄은 언니에게 쏠려 있다는 것을 받아들이기가 힘들었다. 질투가 많고 배려심이 없다는 말을 들을 땐 매를 맞는 것처럼 아팠다.

성인이 된 서린 씨는 이제 그만 언니의 빈자리를 채우는 역할에서 벗어나고 싶었다. 엄마 아빠가 나를 정말 사랑하는 걸까 의심이 들었고 요구할 수 없는 갈망들이 쌓여 관계를 아예 끊어버리고 싶은 생각마저 들었다. 내 마음은 안중에도 없이 본인들의 욕구만 채우는 부모가 미웠다.

자라면서 형제간에 느끼는 시기와 질투의 감정은 자연스럽다. 둘째가 태어난 것이 첫째의 입장에서는 왕좌를 뺏긴 것이라고도 하지 않던가. 더 리얼하게는 '파트너가 다른 애인을 집안으로 들였을 때의 감정과 같다'는 말도 있다. 자연스러운 질투심은 정도의 차이가 있을 뿐이지 여러 형제가 함께인 가족 안에서 태어났다면 마땅히 거쳐야 할 통과의례와도 같다. 그러나 여기에 변수가 있다면 이야기는 좀 달라진다.

'질투를 절대 하면 안 된다'는 무언의 규칙이 있다면? 형제 둘 중 한 명이 장애가 있다면 '당연한 질투심'은 여러 가지 이유로 복잡해진다. 서린 씨가 느끼는 질투심은 복잡했다. 언니는 장애가 있으니 당연히 더 돌봄 받아야 한다는 것을 왜 모르겠는가. 언니를 돌보느라 바쁜 부모에게 기댈 수 없다는 것이 안타깝긴 했지만, 그래도 서린 씨는 건강했다. 본인이 느끼는 감정은 아픈 언니나 부모가 느끼는 부정적인 감정과 비할 수 없다고 느꼈다. 스스로 타당성을 찾지 못한 감정은 안으로 파고들었다. 어느 날엔 질투심을 느낀다는 자체가 수치스러워 숨고 싶어졌다.

그러나 서린 씨로서는 당연한 감정이었다. 어린 시절, 사랑과 돌봄을 요구하는 것은 너무 당연하지 않은가. 내 탓이 아닌 상황에서 내가 누려야 할 것을 포기해야만 할 때, 아쉽고 서러우며 사랑받고 싶어 화가 나고 울적해지는 감정이 과연 잘못된 것일까? 타당화될 수 없는 감정과 싸우는 동안, 서린 씨는 '나의 존재가 언니를 대체할 때에만 가치가 있는 것인가'란 생각에 사랑받았던 그 사실마저 의심하게 되었다. 서린 씨의 질투심, 그 서운하고 외로운 마음은 인정받아 마땅했다.

내 것이어야 한다, 사랑하지 않지만

아침부터 전화벨 소리가 시끄럽다. 가방을 챙겨 현관문을 나서는 아들이 어서 받으라고 한마디 한다. 지현 씨는 끝까지 받지 않을 요량이다.

결혼 15년 차에 달라진 점이 있다면 초조함이 사라졌다는 것. 시어머니의 전화를 피하고 싶지만 어쩔 줄 몰라 벨 소리에 귀가 쪼그라드는 일은 이제 없다. 그저 담담히 오늘은 또 무슨 일인가 싶지만 마음의 준비가 될 때까지 내버려 둔다. 15년간 지현 씨의 몸에 단단한 갑옷이 생겼다.

홀어머니와 함께 사는 남자와 결혼한다고 했을 때 많은 이들이 말렸다. 결혼은 현실인데 그 남자가 그렇게도 좋냐고 했다. 집에서는 지현 씨의 결정을 무조건 따랐다. 어떤 상황에서도 현명하게 대처하고 무탈하게 잘 견디는 그녀를 믿었다. 주변의 반응에 아무렇지 않은 척했지만 지현 씨의 마음은 복잡했다. 친구가 '그 오빠가 그렇게 좋아?'라고 한 말이 자꾸 생각났다. 사실 그를 택한 이유는 '그렇게 좋지 않아서'라고 말하고 싶었지만 참았다. 설레는 결혼식을 앞두고 있었으니까.

그럼에도 불구하고 스스로를 속일 수는 없었다. 지현 씨는 누구보다 감정적인 사람이었고 사랑에 빠지면 주체할 수 없어 곧잘 상처를 입었다. 그런 순간엔 도무지 무탈할 수 없었다. 그러니 그저 잘 지내기를 바라는 부모의 마음을 저버리지 않기 위해서라도 이제 사랑은 그만하고 싶었다. 안전한 보금자리를 만들어 평온하게 사는 것이 그녀가 결혼생활에서 꿈꾸는 전부였다. 그리고 꽤 괜찮은 상대가 나를 좋아한다고 매달리는 상황이었다. 내가 덜 사랑하고 나를 더 사랑하는 사람이라면 금상첨화 아닌가.

결혼을 하고 보니 모든 예상이 어긋났다. 부정적인 생각에 사로잡혀 남편을 사랑할 여유가 없었다. 시어머니는 본인의 자리를 빼앗긴 전처처럼 지현 씨를 경계했다. 명절이 되면 하녀 부리듯 집안일을 시키면서 식탁에 며느리의 자리를 슬그머니 치워두었다. '우리끼리 오붓하게'에서 지현 씨는 늘 빠져 있었고 어딜 가든 어떻게든 본인도 함께여야 했다. 임신 5개월에 태교 여행을 떠나기로 한 지현 씨는 여행지에서 미리 기다리고 있는 시어머니를 마주쳤던 그 순간, 덜컥 내려앉는 심장의 무게만큼 깊은 무력감을 느꼈다.

안전하게 덜 사랑하는 사람을 선택했던 지현 씨는 전처가 있는 사람에게 애정을 구걸해야 하는 신세가 되어 버렸다. 체념한 채 살아가는 동안 시어머니에 대한 미움은 더 커졌다. 감히 나의 남편을 차지하려는 심보가 괘씸했다. 내 것이어야 하는 사랑을 도둑질하는 여자가 추해 보였다. 시어머니를 향한 지현 씨의 분노는 남편과의 관계가 멀어질수록 사그라들 줄을 몰랐다.

사랑은 어렵다. 사랑이 어려워지기 시작하는 건 서로의 마음이 변할 수 있을 거란 생각에서부터다. 사랑은 영원할 수 없으며 행여 나보다 먼저 상대의 마음이 식어버린다면? 상대의 마음이 나와 같지 않다고 느끼면 의심과 불안으로 하루에도 몇 번씩 감정이 요동치게 된다. 힘겨운 일이다.

그런데 그 사랑을 평생 유지하겠다고 선언한다면? 그래서 결혼은 더더욱 어렵다. 사랑은 감정만으로 이루어진 것이 아니며 감정이 식는다고 해도 관계를 잘 유지해갈 수 있다는 믿음으로 잘해 보자고 약속한 두 사람은, 더 많은 것을 공유하고 더 많은 갈등에 노출된다. 법적으로 묶인 관계라 안정적인 만큼 무방비상태로 서로의 민낯을 보여주게 된다. 그러니 언제든 헤어질 수 있다고 생각하던 연애 관계와는 또 다르게 불안하다. 예상치 못한 상대의 모습에 실망하게 되고 내가 믿었던 그는 허상일 뿐인가 싶어 혼란스럽다.

지현 씨는 감정이 소용돌이치는 연애에서 벗어나 잔잔하게 정을 쌓아가고 그렇게 사랑에 이르는 과정을 꿈꿔왔다. 너무 좋아하면 괴로우니 덜 좋아하는 사람과 결혼하겠다는 건 얼핏 보면 체념 같지만, 또 다른 사랑의 가능성을 찾아 떠난 모험이었다.

그러한 사랑에 대한 기대를 시어머니는 무참히 짓밟았다. 내 편이 되어주지 않는 남편에 대한 배신감은 지현 씨에게 자책으로 돌아왔다. 내가 그만큼 좋아하지 않았으니 그 사람이 날 사랑하지 않는 것은 당연하다고. 그러니 사랑을 요구할 수 없다고 말이다. 애초에 드러나지 않은 기대이니 기대하지 않은 것처럼 사는 것이 덜 상처받는 길이었다. 시어머니에 대한 꺼지지 않는 분노와 질투심은, 자신을 배신한 남편에 대한 분노 그리고 자신의 삶에 모험을 건 스스로에 대한 분노가 포함된 감정이었다.

아무도 나를 이길 수 없어

요즘 진욱 씨는 자주 화가 난다. 조기 축구 모임에서 공을 패스하지 않은 후배에게, 카페에서 큰 소리로 전화를 받는 남성에게 등 아주 사소한 일에서부터다. 불쑥 욱하는 심정이 들면 문제를 일으킬까 봐 불안하기도 했다. 화가 부쩍 는 건 지난달 말 회사에서 일이 있던 이후부터다. 부서 이동이 있었고,

예상치 못한 인력 충원이 있었다. 처음엔 힘든 일을 나눠 할 수 있는 비슷한 연차의 직원이 온 것이 반가웠다. 물론 경계하는 마음이 없었던 건 아니다. 내년에 승격을 해야 하는데 눈에 띄는 성과를 낼 좋은 기회를 누군가에게 뺏길까 봐 조바심도 났기 때문이다. 그럼에도 불구하고 진욱 씨는 자신 있었다. 따르는 후배도 많고 상사들도 진욱 씨의 능력을 가벼이 보지 않았기 때문이었다.

새로 온 직원은 똑똑하고 빠른 것과는 거리가 먼 성실하고 어리숙한 사람이었다. 부서원들은 금세 그에게 긴장을 풀었고 그만큼 쉽게 곁을 주었다. 일의 능력과는 별개로 그에 대한 좋은 평가가 오갔고 그때부터 진욱 씨의 은근한 분노가 시작됐다. 사실상 진욱 씨의 성과는 변함이 없었다. 그러나 그는 자기 성과를 새로운 직원에게 모두 빼앗긴 것처럼 허탈했다. 상대가 얻는 좋은 평가 역시 원래 자기 것인 것 같아 견딜 수가 없었다. 어떻게 해야 자신이 더욱더 뛰어난 사람이라는 것을 증명할 수 있을지 고민하기 시작했다. 잠을 잘 못 자 집중력이 떨어졌으며 일에서 능력을 발휘하지 못하는 악순환이 반복됐다.

문득 언젠가 이런 일을 겪은 것 같다는 기시감이 들었다. 고등학교 때 진욱 씨와 1, 2등을 다투던 친구와의 관계에서였다. 진욱 씨가 아무리 성적을 잘 받아와도 더 잘하라며 따끔한 충고를 잊지 않던 엄마의 목소리가 들리는 것 같았다. 엄마는 늘 친구와 그를 비교했다. 무심코 뱉은 말이었을지도 모를, '○○는 몇 점 받았어?' '○○가 전교 회장 됐다며?'란 질문에 진욱 씨는 정수리가 뜨거워지는 것을 느꼈다. '더 잘하고 말 거야! 네가 어딜 감히!'란 문장들이 혈관을 따라 온몸으로 뻗어 나갔다. 이는 진욱 씨를 쑥쑥 성장시키는 원동력이 되기도 했다. 경쟁하는 스포츠를 싫어하지 않고 오히려 즐기는 그였다. 명확한 점수로 평가되는 학교의 시험이었다면 그랬을 텐데, 회사의 업무는 그렇지 않다는 것이 문제였다. 나보다 못한 그가 내 고과를 빼앗아갈까 봐, 내 자리를 차지하게 될까 봐 초조한 그는 점점 더 옹졸해졌다.

줄을 세워 내 위치나 능력을 평가하는 일은 얼마나 잔인한가. 순식간에 나의 가치는 숫자로 정의되고 그 과정에서의 자잘한 노력들은 삭제된다. 단순하게 표기된 나의 존재는 하염없이 작아지고, 오직 숫자만 있는 그 줄 안에서 다른 숫자와 비교하기는 너무 편해진다. 다른 이들과 비교하기도 편리하지만 나 자신에 대한 이해도 편리해 때로 우리는 평가를 원한다. 그리고 그 편리함으로 인해 너무 쉽게 비참해지고 또 으쓱해진다. 쉽게 올라간 자존감은 그만큼 쉽게 내려가게 마련이니까. 그러니 평가에 매달려 나의 존재를 확인하는 일로 우리는 자주 허탈해진다.

일을 잘해서 슈퍼맨으로 불리는 진욱 씨도 언젠가는 비교 열위가 될 수 있다. 그것을 인정할 수 없어 매사에 스스로를 경쟁 상황에 내몰고 다그친다면 어떻게 될까? 삶은 전쟁터와 마찬가지일 것이고 자신을 위협하는 것에 누구보다 더 예민해지게 될 것이다. 아무리 겉으로는 친하게 지내도 마음 안에 자라는 질투심과 경쟁심이 관계를 차갑게 만든다.

다정함은 온순한 마음 가운데 생긴다. 경계하는 마음 사이에 따뜻함이 자라는 건 여간 힘든 일이 아니다. 진욱 씨는 자신의 삶에 결핍된 따뜻함의 자리를 채우느라 더 성과에 매달렸다. 눈에 띄는 성과 없이는 인정받을 수 없었던 어린 시절의 기억이 그를 더 조급하게 만들었던 것이다. 진욱 씨에게는 질투하는 마음을 인정하고, 그가 갖지 못한 인간적인 태도와 따뜻함을 배우고 길러갈 시간이 필요했다.

부러우면 부러워하자

'부러우면 지는 거다'라는 말이 있다. 부러움은 약한 감정이라는 이야기와 함께 '삶은 이기고 지는 싸움과 같다'는 것을 내포하는 말이다. 많은 이들이 이렇게 생각하며 타인을 부러워하지 않으려고 하거나 부러운 감정을 티 내지 않으려고 애쓴다. 괜찮은 척 넘기고 자신은 더 센 사람이라는 걸 증명하려고 든다. 그런데 정말 부러워하는 건 나쁜 걸까? 그렇지 않다. 다만, 부러워하면 괴로워지니까 나쁘다고 인식하는 것뿐이다. 괴로운 마음은, 질투심이 존재하기 때문이 아니라 부러워하면서 스스로를 탓하고 내가 할 수 없는 일에 에너지를 쏟으며 삶을 허비하는 데에서 나온다. 이미 가진 것을 충분히 누릴 수 없어 불행해진다. 그러니 '부러우면 지는 거다'란 말은 지금 그대로도 괜찮으니 충분히 행복하라는 뜻과 같다.

일단 부러워하는 내 마음을 허용해라. 그만큼 내가 그것이 갖고 싶다는 것이니까. 갖지 못한 것에 대한 애도가 있어야 갖고 있는 것에 감사할 수 있다. 부러워하다 보면 별 것 아니라는 걸 알게 될 수도 있다. '자세히 보니 그렇게 대단한 게 아니었네?'라며 객관적인 평가가 가능해질지도 모른다. '부러우면 지는 건데 난 왜 부러워하는 거야? 이런 내가 싫고 나를 이렇게 만든 네가 싫어!'라고 해 버리면 상황에 대한 객관적인 판단이 어려워지고 그만큼 억눌린 질투심이 내 삶의 태도에 영향을 미치게 된다. 부러우면 그냥 부러운 거다. 그 감정에 그렇게 힘을 줄 필요는 없다. 그저 알고 흘려보내면 그뿐이다.

나와 너를 더 사랑할 기회

질투심을 인정했음에도 불구하고 강렬한 감정에 휩싸여 표현하기가 어렵다면, 그 안에 숨은 다른 감정들에 집중해보자. 언니에게 사랑을 모두 빼앗긴 동생의 마음은 얼마나 슬프고 외로울까. 결혼 생활에서 자기 자리를 빼앗긴 아내의 심정은 또 얼마나 쓸쓸할까. 자신의 능력이 제대로 발휘되지 못할까 봐 조바심 나고 동료를 경계하는 마음은 또 얼마나 불안하고 초조할까. 질투심으로 시작된 내 마음의 한구석으로 다가가보자. 슬픔에 눈물이 흐를 수도 있다. 그 마음에 귀 기울여보면 긴장하던 마음은 이내 녹아내려 촉촉하게 삶을 어루만져 줄 것이다. 너른 바다가 나를 안아준다고 상상하며 바다처럼 넓고 따뜻한 엄마 품에 안겨 내 날선 마음을 다독여 보는 것도 좋다. '괜찮아, 괜찮아, 지금 이대로도 충분히 괜찮아'라고. 따뜻한 감정으로 품어진 마음은 어느새 상대를 공감하고 연결의 실마리를 찾아 진정 내가 원하는 삶으로 방향을 틀게 된다.

질투심에 보복을 시작했던 첫째 고양이에게 한동안 특별대우를 해 줬다. 화장실도 새것으로 바꿔주고 더 많이 쓰다듬어 주고 더 많이 놀아주고, 천방지축 둘째가 첫째에게 무례한 장난을 걸 때 제지하고 분리시켜 주었다. 그렇게 공들여 사랑하는 시간을 보낸 뒤, 문제행동은 사라졌다. 돌아보면 어떻게든 자기 상태를 표현해 준 고양이에게 고맙다. 무심했던 것이지 덜 사랑했던 건 아니니까.

자신의 감정을 표현하는 것은, 나와 너에게 더 사랑할 기회를 주는 일과 같다. 너무 초라해 아닌 척하고 싶은 질투심마저 말이다. 그러니, 용기를 내서 감정을 표현해 보자. 서로에게 더 사랑할 기회를 주고, 건강해질 기회를 가져다 주는 일이 될 것이다.

유리멘탈을 위한 감정 수업

초판 1쇄 인쇄 2022년 01월 11일
초판 1쇄 발행 2022년 01월 18일

지은이 이계정
펴낸이 이부연
책임편집 박서영
마케팅 백운호
디자인 김윤남, 김숙희

펴낸곳 (주)스몰빅미디어
출판등록 제300-2015-157호(2015년 10월 19일)
주소 서울시 종로구 내수동 새문안로3길 30, 세종로대우빌딩 916호
전화번호 02-722-2260
인쇄·제본 갑우문화사
용지 신광지류유통

ISBN 979-11-91731-15-6 03190

한국어출판권 ⓒ (주)스몰빅미디어, 2022

KOMCA 승인필

- 이 책은 저작권법에 따라 보호받는 저작물이므로 무단 전재와 복제를 금지하며, 이 책 내용의 전부 또는 일부를 이용하려면 반드시 저작권자와 (주)스몰빅미디어의 서면 동의를 받아야 합니다.
- (주)스몰빅미디어는 여러분의 원고 투고를 기다리고 있습니다. 출판하고 싶은 원고가 있는 분은 sbmedia15@gmail.com으로 기획 의도와 간단한 개요를 연락처와 함께 보내주시기 바랍니다.
- 한밤의책은 (주)스몰빅미디어의 임프린트 브랜드입니다.

말이 통하기보다
마음이 통하는 사람이 돼라!

센스 있는 말로 마음의 문을 여는 16가지 방법

2017년
NPR
최고의 책

TED
1,500만
조회수

20년차
베테랑
인터뷰어

★★★★★

의사소통이 단절된 시대에 가장 중요한 책이다.
저자 헤들리의 조언은 나의 부부관계, 친구관계, 가족관계가
훨씬 발전될 수 있도록 도와주었다.
– 제시카 레히(《뉴욕타임즈》 베스트셀러 작가)

★★★★★

흥분하지 않고 우아하게 리드하는
말센스

셀레스트 헤들리 지음 | 김성환 옮김 | 14,500원

1억 명의 마음을 사로잡은
웨인 다이어의 인생 강의!

자유롭고 충만한 삶을 위한 응원의 메시지!

전 세계
300만 부 판매
화제의 책!

〈뉴욕타임스〉
베스트셀러
1위!

오프라 윈프리가
가장 영감받은
최고의 작가!

★ ★ ★ ★ ★

"웨인 다이어는 인생의 커다란 질문에 항상 답을 주었다.
그는 세상에 빛을 가져온 사람이다."

– 오프라 윈프리

타인에게 얽매이지 않고 온전한 나로 사는 법
모두에게 사랑받을
필요는 없다

◆─── 웨인 다이어 지음 | 장원철 옮김 | 16,000원 ───◆

"상처받고 싶지 않다면 단호하게 선을 그어라!"

누구에게도 휘둘리지 않고 진짜 내 모습으로 사는 법

나에게 먼저 좋은 사람이 되어라!

우리는 타인에게 매우 민감하다.
끊임없이 남들의 기대에 부응하기 위해 노력한다.
하지만 모두에게 좋은 사람은 자신에게 좋은 사람이 될 수 없다.
나를 지키기 위해서는 '적당한 선 긋기'가 필요하다.

나를 지키는 거리두기의 심리학

이 선 넘지 말아 줄래요?

● 송주연 지음 | 16,000원 ●

TED 600만 명을 사로잡은 스탠퍼드대학교 성공심리학 특강

빌 게이츠가 추천한 단 한권의 자기계발서!

★★★
전세계
200만 부
판매

★★★
10년 연속
아마존
베스트셀러

★★★
빌 게이츠
'올해
최고의 책'

당신의 성공, 인간관계, 자녀의 미래가
'마인드셋'에 달려 있다!

★ ★ ★ ★ ★

능력을 계발하고자 하는 사람이나
도전하는 아이로 키우고 싶은 부모들 모두가 읽어야 할 책이다.

_ 빌 게이츠(마이크로소프트 창업자)

★ ★ ★ ★ ★

스탠퍼드 인간 성장 프로젝트
마인드셋

● ━━━ ● 캐럴 드웩 지음 | 김준수 옮김 | 16,000원 ● ━━━ ●